品|牌|经|典|系|列

THE FUTURE OF
PURPOSE-DRIVEN
BRANDING

Signature Programs that Impact & Inspire
Both Business and Society

品牌的未来

塑造使命价值型品牌

[美] 戴维·阿克（David A. Aaker）◎著

章爱民◎译

机械工业出版社
CHINA MACHINE PRESS

美国品牌界领军人物戴维·阿克"品牌三部曲"之后写给使命为先的时代的精品力作！

企业基业长青的战略密码在哪儿？如何在不确定的时代，超越财富指标，寻找更具价值的业务使命，激活品牌活力，塑造品牌的未来？本书通过联合利华、赛富时、高盛集团、沃尔玛、思科、惠普、麦当劳等知名企业有趣的品牌故事，讲述企业如何通过寻找满足社会需求和应对社会挑战的标志性社会项目，将业务使命和社会使命充分融合，提升企业形象，建立影响深远的品牌使命，在使命为先的时代取得恒久的成功。

图书在版编目（CIP）数据

品牌的未来：塑造使命价值型品牌 /（美）戴维·阿克（David A. Aaker）著；章爱民译. -- 北京：机械工业出版社，2024. 8. --（品牌经典系列）.

ISBN 978-7-111-76231-7

Ⅰ. F272. 3

中国国家版本馆 CIP 数据核字第 2024QA9204 号

机械工业出版社（北京市百万庄大街 22 号　邮政编码 100037）

策划编辑：章集香　　　　责任编辑：章集香　刘新艳

责任校对：李　婷　宋　安　责任印制：单爱军

保定市中画美凯印刷有限公司印刷

2024 年 10 月第 1 版第 1 次印刷

170mm × 230mm · 16.75 印张 · 1 插页 · 199 千字

标准书号：ISBN 978-7-111-76231-7

定　　价：79.00 元

电话服务　　　　　　　　　网络服务

客服电话：010-88361066　机 工 官 网：www.cmpbook.com

　　　　　010-88379833　机 工 官 博：weibo.com/cmp1952

　　　　　010-68326294　金 书 网：www.golden-book.com

封底无防伪标均为盗版　机工教育服务网：www.cmpedu.com

谨以本书献给我的太太凯，献给三位女儿詹妮弗、简、乔琳和

她们的家人。感谢她们一直以来对我的支持和鼓励。

致　　谢

参考文献

THE FUTURE OF PURPOSE-DRIVEN BRANDING

第 1 章

使命导向型品牌建设的未来

三大战略要点

> 我们对工作的要求就是，加入一个肩负激励人心的使命且不断取得成功的团队，并成为其中的重要一员。
>
> ——格雷厄姆·韦斯顿（Graham Weston），企业家

对于商业组织来说，当前正处于一个非同寻常的时代。这是一个充满机遇，甚至跌宕起伏的时代，而不是一个停滞不前，可以"躲进小楼成一统"的时代。

在使命为先的时代下，各大企业不再仅仅关注销售、利润和股东回报的增长，而是开始追寻更有价值的业务使命——一种有意义、令人钦佩、值得尊重的使命；一种能使员工、客户、合作伙伴和其他利益相关者感到自豪的使命；一种能激励员工和企业为完成挑战性任务和目标而奋斗的使命。

相传，一天上午，伦敦圣保罗大教堂的建筑师克里斯托弗·雷恩爵士（Sir Christopher Wren）走向在建筑工地上从事相同工作的三位工人，停下来问他们在做什么，他得到了三种不同的答案。第一位说："我在切割这块石料。"第二位回答说："我在挣三先令六便士的日薪。"第三位直起身子，肩膀挺直，手里还拿着木槌和凿子，回答说："我在帮助克里斯托弗·雷恩爵士建造一座伟大的大教堂。"工人们希望能够建造大教堂，并将自己与正在做的这件事联系起来。

通常来讲，组织可以肩负起一项超越财务目标但不涉及应对社会挑战的使命。例如，这项使命可以以"创造疯狂而伟大的产品"或"提供业界最好的服务"为基础，也可以把关注点从产品或服务转移到产品或服务的作用上来。例如，我们的使命不是"提供卡车运输服务"，而是"打通社区的命脉"；我们的使命不是"制造汽车"，而是"方便出行"。这些直抵使命的表达方式可以激发灵感，并且通常可以提升所有利益相关者对企业及其品牌的评价。我们在此建议，企业需要强化"使命"的意义，承担更多的社会责任。

应对社会挑战

本书认为，"使命导向型品牌的未来"将包含用标志性社会项目来应对社会挑战。对于企业来说，面对种种社会问题和议题，袖手旁观不再是一个好的选择。制造出色的产品已不足以为员工和其他利益相关者提供灵感。现在，对于企业来说，是时候将应对社会面临的严重问题、重大需求和关键议题纳入企业的业务使命或社会使命中了。这将在使命为先的时代让企业变得举足轻重。

在第 4 章中，我们将阐述几种支持企业加强"使命导向型品牌"建设的力量，这里先简单说明。

- **利益相关者模式渐成趋势**。在与"企业的核心任务就在于增加股东的财富"这一商业模式的斗争之中，主动承担社会使命的企业/品牌渐处上风。有很多事实证明了这一点。其中之一是，2019 年，集聚了众多美国领先企业 CEO 的商业圆桌会议（BRT）决定履行新的使命，明确指出企业需要为所有利益相关者创造价值并承诺保护环境。这意味着，对于那些积极倡导社会努力的企业来说，严重的逆风现在变成了和煦的微风。
- **社会挑战的严重性和可见性**。人类社会正面临着巨大的挑战，包括气候变化和不平等问题的加剧，这些挑战越来越明显，威胁也越来越大。当前有许多人，尤其是千禧一代，认为这些威胁是真实存在的，会极大地影响人们的生活质量，也会影响企业的长期战略和长期绩效。
- **拥有资源、洞察力和敏捷性的企业的使命担当**。企业需要成为解决方案的一部分，因为在解决社会问题的过程中，企业可以利用自身的资源和敏捷性对解决社会问题做出贡献。况且对于肥胖症和不平等等问题来说，或许企业本身也制造了问题。由于资源有限、缺乏敏捷性，以及无法开展试验等原因，政府通常并不能解决所有的问题。

- **员工和其他利益相关者的要求。**在某种程度上，由于以上三股力量的存在，许多员工，尤其是年轻一代的员工，会因为自己所在的企业没有为应对社会挑战付出努力而汗颜，甚至会基于企业的社会使命而做出加入或离开的决定。客户、供应商和投资者等其他利益相关者也可能会这么做。要顾及诸多利益相关者，企业就需要制定社会使命并开展社会项目。

- **企业品牌需要社会项目来为之赋能并提升形象。**为解决社会问题而推出的一套值得信赖的社会项目，具有提升企业品牌影响力的独特能力。为了提升企业的品牌影响力，企业实施的社会项目需要摆脱千篇一律，独树一帜，对社会挑战具有"话题性"影响力，彰显企业独有的社会领导力。如果企业的业务平淡无奇、老气横秋，没有什么别的办法来激发公众的兴趣，那么就格外需要进行企业品牌价值的提升。

关于全书术语的说明

本书认为，"使命导向型品牌的未来"将涉及企业应对社会面临的各种挑战，如环境威胁和不平等。我们将这些挑战描述为社会挑战，其中，"社会"意味着这些挑战与整个社会以及作为社会成员的人类福祉相关。我们将"响应社会诉求的项目"（responsive programs）称为社会项目或社会努力，其中，"社会"意味着该项目将解决整个社会所面临的各种问题，满足整个社会面临的各种需求。因此，以下两种说法实际上具有相同的含义：

- 社会挑战/项目/努力。
- 影响社会的挑战/项目/努力。

除了"社会挑战/项目/努力"，还有"可持续发展"、"企业社会责任"（CSR）、"环境、社会、公司治理"（ESG）等其他说法。在本书中，我们使用"社会"这个术语，部分原因在于：其他术语虽然在讨论中会起到一定的作用，但容易引发无益的联想。"可持续发展"一词可以追溯到 20 世纪 80 年代，通常仅限于环境项目，而可以追溯到 20 世纪 50 年代的 CSR 这一概念，总会让人联想到过时的想法和项目。

ESG 这个概念是由金融界于 2005 年提出的，旨在引导投资者把那些积极从事社会公益、避免造成不良社会影响的企业纳入其投资组合。为了评估企业的 ESG 绩效，各种组织纷纷推出评估体系，通常包含数百个维度，其中大多数与具体企业并不相干。有时很难证明这些 ESG 评估服务评估的就是这些组织声称要评估的内容。此外，由于涵盖了所有维度，ESG 评估服务并不侧重于解决重大社会挑战的项目，也不评估企业内部业务部门的 ESG 绩效，而本书认为，这些恰恰是需要分析的内容。

"社会挑战""社会项目"或"社会努力"，这三个术语中选用其中的任何一个都没有错，在描述相关内容时，大家可以灵活使用。我们关注的不是术语本身，而是术语背后的内容。

宗旨与使命是传达有关企业本质的高层次信息的两个途径，这些信息反映了企业超越其销售和利润，追求更激励人心的社会目标。宗旨或使命通常可以用一句简洁有力、令人难忘的话来表达，并且经常会被详细阐述以提供更多的细节和解释；它应该具有激励性和指导性，让人感觉真实可信，并且是一个有价值的目标。

创建宗旨陈述，首先要问"为什么"的问题：这家企业为什么存在？员工为什么来上班？创建使命陈述，更多的是回答"是什么"的问题：该组织致力于完成的任务是什么？

企业有可能同时拥有宗旨和使命。例如，乐高公司的使命是"激励和培养未来的建设者"，既回答了以上两个问题，也提出了公司的社会项目。本书中"宗旨"和"使命"这两个名词可以互换，以分析那些只制定"宗旨"或"使命"的公司，避免因分类问题而分散注意力。

众多可以改善的空间

尽管在过去的几十年里，在社会努力的推动下，企业朝着使命导向型未来发展的势头日益强劲，但我们需要做出更多、更好的回应。即使是那些拥有适当的宗旨/使命，以及文化和项目的企业也有很多工作要做。在创建标志性社会项目，与不同的利益相关者有效沟通，建立和管理众多相关品牌以及扩大正在发挥作用的项目规模等方面，企业面临的挑战层出不穷。随着挑战的持续和变化，即使是使命导向型的企业，也远未能发挥其潜力。

也有许多企业要么茫然不知，要么口惠而实不至，没有付出有效、认真的社会努力。要让这些企业及其领导者参与进来，还有很长的路要走。他们需要找到动力和资源，并建立合适的组织文化。依靠特别拨款和志愿服务不足以让企业有所作为，也不足以影响组织。对于一些企业来说，参与社会活动有时意味着其使命、文化、战略、结构和人员等都要发生重大的转变。

寻求社会项目的领导力

"使命导向型品牌的未来"应该包括企业为应对气候变化、资源保护、不平等以及改善人类健康和福祉等社会挑战所做的强大努力。这不仅是正确和负责任的做法，更应该成为企业的战略选择。在任何市场中生存，都需要与员工和其他利益相关者建立并保持相关性，而实现这一点的途径是超越相关性，成为社会项目的领导者。

要真正领导社会项目就意味着企业要致力于创建激励人心、值得信赖且让社会"因此而不同"的项目。这要求领导者用深邃的洞察力去认识和分析社会问题，创建或找到有效的项目，然后在执行过程中发挥才能并挥洒激情。激励人心是一个重要的目标，社会项目不应该只是令人印象深刻，它应该突破千篇一律，让人感到惊喜，有"哇！"的反应，还应该实现品牌化。

　　那些切实开展社会项目的企业会得到很多回报；那些担任社会项目领导者的企业，除了会对正在做的社会公益感觉良好，还将具备竞争优势；而那些错过或做错社会项目的企业，将在品牌建设界和市场上找不到立足之地。

　　使命导向型品牌的未来是什么呢？我们可以看到使命导向型品牌通常会制定三个战略要点（行动计划），如图 1-1 所示，它们将代表那些在使命为先的时代努力走上领导地位的企业的未来。

- 战略要点一：用标志性社会项目应对社会挑战。
- 战略要点二：将标志性社会项目融入企业战略。
- 战略要点三：打造激励人心、值得信赖的标志性社会品牌。

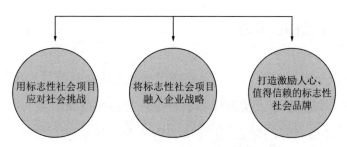

图 1-1　使命导向型品牌制定的三个战略要点

　　在本书第一部分中，我们通过两个案例研究设定背景，对推动社会项目的驱动力进行概述；第二、第三和第四部分依次介绍和分析这些战略要点。本章中，我们将对三个战略要点逐项加以简要描述，以概述要在使命为先的时代取得成功所面临的挑战，并阐述品牌的关键作用，给出本书的路线图。

战略要点一：用标志性社会项目应对社会挑战

"使命导向型品牌"理应为了应对气候变化、资源保护、不平等以及改善人类健康和福祉等社会挑战而付出巨大的努力。这不仅是正确和负责任的做法，更应该成为企业的战略选择。在任何市场中生存，都需要与员工和其他利益相关者建立并保持相关性，而实现这一点的途径是超越相关性，成为社会项目的领导者。

真正的领导力意味着能创建备受尊重、受人钦佩、值得信赖的社会项目，这些项目会让社会"因此而不同"，这种影响能激励人心，甚至能让人感觉惊喜，有"哇！"的反应。这些项目应该实现品牌化，我们称这些项目为标志性社会项目。

具备"标志性"标签的项目具有以下特点：

- 该项目能应对在情感上触动人们、富有意义的社会挑战。
- 该项目是值得信赖、有影响力且目标坚定的。该项目会让社会"因此而不同"。
- 该项目将提升商业品牌的活力、提升商业品牌的形象。
- 在商业伙伴的帮助下，通过该项目能建立一个有知名度且激励人心的品牌，这些商业伙伴将指导该项目并领导品牌的传播任务。
- 该项目可以是内部项目，也可以是与非营利组织伙伴合作的外部项目。

为什么要创建标志性社会项目呢？长远来看，一家企业的大部分社会努力通常由赠款和志愿服务两部分组成，这些社会努力通常是零

散的、没有方向的，与其他企业的社会努力高度相似，并且没有实现品
牌化。也许是为了减少二氧化碳排放和能源消耗，有些项目通常有环保
上的考虑，这确实算得上是有重点和目标，但并没有实现品牌化，看起
来跟其他企业没什么两样，听起来像是在吹牛。因此，找到合适的社会
项目并传播出去往往非常困难，有时候甚至根本做不到。

　　企业之所以需要标志性社会项目，是因为它们更可能展现企业真
正的社会影响力。标志性社会项目得以创立并大放异彩，靠的是用经过
深思熟虑、接受专业管理、突出重点的项目来应对真正的社会需求。它
们反映了组织的长期承诺，这种承诺将改善组织的功能和运营，进而产
生更大的影响。拥有标志性社会项目的品牌将为组织提供前进的方向
并激励人心，而这是组织走向辉煌的重要基石。

　　标志性社会项目还具有宣传企业的作用。比起零零散散的捐款、志
愿活动和节能减排目标，重点突出、实现品牌化的标志性社会项目能更
轻松、更高效地发挥宣传企业的作用。拥有标志性社会项目的品牌要通
过讲述别具一格且有影响力的故事来宣传该项目及其所代表的企业。

　　企业在应对社会挑战方面所做的努力在未来会变得越来越重要。
让企业利益相关者，尤其是员工和顾客或客户建立认同感、参与感和目
标感至关重要；从外部和内部为项目提供动力和激励至关重要；加强与
商业伙伴的合作至关重要；获得可见度，从其他企业千篇一律的社会努
力中脱颖而出也同样至关重要。

　　标志性社会项目可以是内部的品牌建设计划，如福乐鸡快餐店
（Chick-fil-A）的共享餐桌计划，该计划由美国田纳西州的一家运营商
在 2012 年创立，在之后十年里它提供了超过 1 000 万份餐点；也可以
是与外部伙伴合作的计划，如好市多（Costco）与美国"消灭饥饿慈善
组织"（Feeding America）达成"富有远见的合作伙伴"关系，支持一

项向有需要的人提供临期食物的计划。

更多相关内容参见第 6 章。

如果得到组织宗旨/使命和组织文化的支持，并且从一开始就选对项目，那么，标志性社会项目就更有可能取得成功。

创建培育社会项目的组织使命和组织文化

要创建或找到标志性社会项目并将其融入企业，首先要调整企业的 DNA，使应对社会问题成为企业的一个积极的组成部分。这只是关乎"我们做什么"的问题，意味着新增项目或推进项目的提案不必回答"为什么"的问题，只需回答项目的标准，还意味着社会挑战和社会项目成为战略对话和资源决策的一部分。组织需要确立宗旨或使命（使命可以发挥与宗旨相同的作用），并建立强有力的组织文化来帮助建立和强化这种 DNA。

宗旨或使命可以与企业的商业战略和社会努力相关。西维斯公司（CVS Health）的宗旨是"帮助人们走上更健康的道路"；富乐客公司（Foot Locker）则致力于"激励且助力青年文化"。当企业的商业战略和品牌定位基于提供"绿色"或"健康"的产品时，其宗旨或使命当然会带有社会因素。

但更常见的做法是，将社会宗旨/使命与企业宗旨/使命区分开来，因为对于某些人来说，如果努力的目标包括应对社会挑战，企业宗旨/使命可能就会遭到淡化或扭曲。当不受约束时，两者都可以自由地变得更完整、更有力、更可信。这并不意味着社会宗旨/使命在企业文化中的优先级较低或作用较小，也不意味着二者互不相关、各自为战。它们应该是互补，甚至是重叠的，涉及的员工和项目也应该是相互促进，甚至是相互交织的。

一种做法是制定多个宗旨/使命陈述，其中有一个支持社会项目。例如，卡特彼勒公司（Caterpillar）有四个关于公司战略和决策的使命陈述——前三个分别是提供最佳客户价值、培养和奖励员工、实现企业成长，第四个是公司致力于"维持地球健康，改善人类生活"。公司鼓励承担社会责任。

有些企业借助伙伴基金会组织来履行自己的社会宗旨/使命，有些企业则借助企业品牌。联合利华的使命是"旨在打造推动社会向好的高性能品牌，让可持续生活成为常态，为打造一个更加可持续且公平的世界而行动起来"。联合利华有100多个业务部门，每个部门都可以肩负这一社会使命，这使得各部门在为各自的业务创建宗旨/使命时可以自由选择是否包括明确的社会维度。

组织文化即"在组织里如何行事"的标准，将宗旨/使命带入公司内部。信念、价值观、优先事项、行为和管理风格决定了组织及其员工如何看待摆在他们面前的问题、如何做出选择并采取行动。强有力的组织文化，有一种激发员工本能的组织力量，这种本能让员工知道自己做哪些事会感到舒心，感觉做得对。无论是致力于建立非营利关系，或是启动一个社会项目，还是加入某社会议题的利益共同体，只要符合组织文化，就会有所不同。要理解组织文化，就要弄清楚何种决定和行为会受到重视、何种行动或活动会引起不适以及哪些项目会受到赞许。

这方面的挑战在于，要确保企业文化允许，甚至支持社会努力。为此，CEO及其他领导人的承诺至关重要，但只有这些还不够。企业里的大多数人应该相信，紧迫的社会需求正在通过可信的、激发灵感的标志性社会项目得到解决，许多员工应该作为志愿者或项目负责人积极参与进来。在这种情况下，组织的社会努力将成为组织文化的一部分，由此借势铺开，形成所谓"好风凭借力，送我上青云"之势。更多相关内容详见第 5 章。

找到或开发具有社会影响力的标志性社会项目

企业首先要做的是寻找、创建或重新启动标志性社会项目。企业的目标在于，推出能够触动神经、激励人心、值得信赖、适合企业并影响现实需求的项目。

企业可以从自身的资产和产品入手。企业应该如何利用自身拥有的资源和业务来支持社会项目呢？例如，在第 3 章中我们会讲到，赛富时（Salesforce）公司利用其软件来帮助非营利组织和那些希望提升自身可持续发展能力的企业。其结果是赛富时公司帮助推出了一系列值得信赖、有影响力且适合拥有的项目。这些项目也会从赛富时帮助的组织的软件进步，以及赛富时对项目的承诺中受益。

但是，企业在寻找标志性社会项目的过程中，未必会利用自身的资产，自身的资产和社会项目也未必会具有天然的契合性。有些企业所从事的业务没有可以利用的资产，社会项目与其业务之间也不存在天然的关联。于是它们可以自由地寻找所需的项目，并与社会项目建立能体现企业的激情、深层了解和长期承诺的关联。在第 2 章中，我们将了解多芬为消除对女性外表的错误观念创立的"真美"项目和针对青少年的"多芬自尊"项目。这两个项目都与多芬的业务没有任何关联，但经过长期的倡导和落实，它们已经融入多芬的文化、个性和形象。契合性便应运而生。

这类项目可以以筹款为中心。12 年来，"雅芳抗击乳腺癌之旅"（Avon Walk for Breast Cancer）项目一直是护肤品和化妆品公司雅芳（Avon）

的核心标志性社会项目。该项目及其周边活动——诊疗日程安排、培训、筹款（筹集了近 7 亿美元）以及对超过一亿名女性的教育影响，使得整个项目给人真实和自然的感觉。

企业可以将企业内部的自有项目作为标志性社会项目，也可以选择与非营利公司合作。内部项目由企业所有，由企业管理并提供资源，内部项目的命运掌握在企业手中。但是，找到一个"未被采用"（却能充分利用公司资产和资源）、与业务多少有关联且"可行"的内部项目作为标志性社会项目，这种机会可遇不可求。即使该项目从概念上讲是完美的，也需要得到合理执行，并长期配备人员，不断加以指导和管理，这些并非易事。

如果找不到合适的内部项目，外部的非营利组织就得发挥作用了。外部非营利组织通常具有强大的品牌，其社会项目通常已经被验证有效，并且通常可以实现规模化。问题在于，要在企业和外部非营利组织的项目之间创造出让人感觉合适的契合性和关联度。在第 12 章中，我们将看到金融服务公司施利文公司（Thrivent）与非营利组织"仁人家园"（Habitat for Humanity）建立了长期合作伙伴关系，施利文公司的员工和客户在世界各地建造人们所需的住房。这些活动本身与施利文公司的服务或运营无关，但与它的价值观、公司文化、员工体验和客户关系密切相关。其结果是，施利文公司与项目非常契合，几乎没有人把该项目视为只是为了吸引注意力和赢得尊重的商业努力。

伞型品牌

如果多个标志性社会项目组合起来代表一个在企业战略中发挥作用的实体，就有必要创建一个伞型品牌。这种伞型品牌可以是企业品牌本身，如赛富时（见第 3 章）、专用的组织伞型品牌（见第 6 章的 NBA 关怀行动项目）、基金会（见第 5 章的维珍基金会）或项目组合（见第 8 章，巴克莱银行将四个项目归入"数字鹰"品牌下）。标志性社会项目未必需要独自扛起大旗。

伞型品牌也可以是一个标志性品牌，因为它以一种重要的方式代表着另一个品牌。作为标志性品牌，伞型品牌可能是另一个品牌某个维度的缩影。例如，NBA 关怀行动项目代表了 NBA 本身的社会维度。如果有人怀疑 NBA 是否在认真付出社会努力，NBA 关怀行动项目就是答案。

第 6 章详细阐述了标志性社会项目的概念，比较了内部项目和企业与外部非营利组织合作的项目（简称外部项目），并讨论了伞型品牌。第 7 章深入讨论了如何为企业找到或创建一个或多个标志性社会项目。

战略要点二：将标志性社会项目融入企业战略

我们未来需要做的，远不止在一个要求做到自给自足的孤岛上建立标志性社会项目。这种孤立的项目不仅得不到足够的资源，还会被赞助企业视为新增的累赘。它将给组织带来沉重的负担，导致组织从项目所需的战略和战术投资中抽走资源，因此，项目容易受到经济低迷或公司新领导层的影响。

标志性社会项目应该与企业战略融合，应该在企业内部为人所知且受到重视，并且彰显融合的宗旨/使命、愿景和文化。标志性社会项目战略应该让人觉得与企业有关联，会借助企业的人力和物力，并在信息传递方面与企业的宣传工作相结合。标志性社会项目和企业应该归属于同一团队。

起到黏合作用的是企业与接纳其标志性社会项目的合作伙伴之间的共生关系。双方会相互提供物质上的帮助。

- 标志性社会项目为企业增加价值。
- 企业支持标志性社会项目。

这是一种双赢局面。此外，当企业形象提升，并为标志性社会项目提供更多的支持时，就会产生"飞轮"动力，进一步提升企业形象，并如此循环下去。在评估标志性社会项目时，如果不将其创造价值的所有方式纳入考量，可能就会犯低估项目价值或夸大项目弱点的战略错误。

如何实现双赢的目标？这两股力量通常各自为战、互不相干，目标有时不一致，甚至相互矛盾，要把这两股力量整合起来并不容易，需要资源投入、战略创新、跨部门团队合作、资源共享、运营人才支撑和混合型文化。做到这些都不容易，也不是顺理成章的，但一旦做好，就会有诸多好处。

在后续章节中，我们将展示以联合利华和赛富时为代表的几家已经实现企业层面/社会层面高水平整合的企业。

标志性社会项目为企业增加价值

需要明确的是，标志性社会项目及其相关标志性品牌的"任务1"是应对社会挑战，并产生社会"因此而不同"的影响。标志性社会项目的"任务2"通常是潜在的，主要包括提高企业的知名度、提升企业的形象、加强与员工和客户的联系，以及对抗"负面"的宣传。在某种程度上，"任务2"是通过标志性品牌为企业或商业品牌带来激励、价值观以及它所积累的活力和可见度达成的。除内部项目外，"任务 2"还适用于企业已经接受合作的外部非营利组织。

对于那些被认为就应该提供实实在在的产品或服务（比如牛奶、银行或洗涤剂）的企业而言，获得活力、可见度和形象提升格外有用。那些企业很难得到关注，而标志性社会项目可以改变这一点。如果企业的产品或服务令人恼火，例如保险公司或超市决定停售你最喜欢的险种或商品，标志性社会项目就可以提供另一条对话路径。

本书将利用生动的例子，说明标志性社会项目如何为企业带来活力和提升形象。下一章我们将介绍 1894 年推出的用于预防霍乱的洗手消毒液品牌：卫宝。秉承这一传统宗旨，卫宝制定了"守卫宝宝健康成长到 5 岁"（Help a Child Reach 5）项目，旨在改善没有清洁水资源的地区的洗手状况。三个描述三个村庄的母亲亲历该项目的视频获得了4 500 万次观看。第 8 章讲述的巴克莱银行在创建并推广标志性社会项目"数字鹰"后，重新赢得了公众的信任，该项目旨在帮助人们适应数字世界，并在其中发展，而此前巴克莱银行的传统广告并没有改变公众和巴克莱银行之间的信任鸿沟。

"任务 2"是将标志性社会项目融入企业的一个特别重要的部分。事实上，它发挥着部分黏合剂的作用。如果没有这种黏合剂，标志性社会项目及其所代表的整个社会努力会令人讨厌，将被视为资源消耗，而不是一个有益的合作伙伴。

这中间存在着某种微妙的平衡，其原因在于，让标志性社会项目为企业品牌增加价值的做法可能会让人觉得是自私自利的：企业的主要动机是提升品牌形象、实现销售。为了降低这种风险，企业需要对社会问题表现出真正的同理心和解决问题的决心。例如，可以支持思想领导力，可以明确做出跨越数十年而不是数月的长期承诺。

详细内容见第 8 章。

企业支持标志性社会项目

企业一旦从"任务 2"中得到活力并实现形象提升，就会有动力去支持标志性社会项目。这种支持可能会改变游戏规则。作为坚定的、主动的标志性合作伙伴的企业可以提供背书，让标志性社会项目获得宝贵的可信度，这一点通过其他方式很难实现。此外，融入企业的标志性社会项目能够获取知识、预算、志愿者、产品、客户群、市场信息和媒体力量。标志性社会项目会得到大众的认可，标志性社会项目的工作人员也会知道能提供什么帮助以及与谁合作。合适的业务合作伙伴可以将简陋的、尚未成熟的品牌建设工作转变为专业的、资金充足的项目。

将标志性社会项目融入企业意味着，该项目不再是从企业"生产性"投资中吸取资源的锚。标志性社会项目通过为企业增加经济价值成为团队的一部分，而不是负担。

这种融合后的合作伙伴关系对于内部和外部的标志性社会品牌都很重要。内部品牌团队需要与赞助商业品牌（尤其是其营销团队）建立工作关系和沟通渠道，并尝试将标志性社会项目融入企业战略中。外部非营利组织也面临着同样的挑战，但它们首先需要招募和培养赞助性的业务合作伙伴，这个过程需要努力和耐心。

企业建立并积极管理商业伙伴关系并不容易，但回报很高。例如，第 9 章我们会讲到，"仁人家园"说服施利文公司及其他 19 家公司成为自己的"传统赞助商"，联手为世界各地有需要的人提供住房。这些公司提供了财务承诺、志愿者和建筑材料，从而使得"仁人家园"的规模迅速扩张，"仁人家园"在全球的工作任务得以快速增长。

更多内容见第 9 章。

混合团队会增加收益

标志性社会项目团队和企业团队的融合通常会带来巨大的回报。组织间会形成跨部门的沟通渠道、关系网、项目、任务小组、共同目标和共同利益。

当企业员工充分了解情况时，他们会在工作中感到更加自豪、更加专业，当他们参与到标志性社会项目中时，他们的自豪感就会更加明显。当标志性社会项目团队成为拥有所需技能和资产的联合团队的一部分时，员工们会感到更有信心，得到更多收获，表现出更高的水平。

战略要点三：打造激励人心、值得信赖的标志性社会品牌

为了让这一切发挥作用，为了让标志性社会项目发挥其社会影响，提升企业的商业品牌，企业需要建设强大的标志性社会品牌，并对其提供相应的指导和支持，使标志性社会品牌具有清晰度、可信度和可见度。此外，任务 1 和任务 2 还需要根据强势品牌进行充分的调整与融合。

请注意，至少对于某些受众而言，伞型品牌能起到标志性的作用。在这种情况下，伞型品牌就承担了与标志性社会品牌相同的宣传企业品牌的任务。这意味着伞型品牌需要一个组织品牌建设基地和一定的预算（目前可能不够）。

除了寻求业务合作伙伴的支持，企业应该如何落实品牌建设的任务呢？要解决这个问题还需要解决以下的问题。

第一个问题是，对于一个企业来说，无论是内部的还是外部的社会

项目，通常都没有配备了解其品牌背景的员工。此外，员工通常有很多
工作要做，而且闲置资源很少，因此标志性社会项目通常并没有得到应
有的重视。因此，与企业或业务融合的价值更加重要，因为融合使标志
性社会项目能够获得所需的人才、预算和宣传资源。

另一个相关的问题是，标志性社会项目的工作人员会认为，最切实
有效的宣传是用事实说话，对项目要素和目标进行客观描述。这种看法
通常是错误的，会浪费精力。对于项目而言，需要的可能是打破常规思
考的意愿和能力，以及走出舒适区的方法，也许还需要打造有深度的故
事，甚至采用花哨的噱头来取得突破。

品牌建设需要许多工具、概念和载体（vehicles）。概念如细分策略、
定位策略、价值主张、差异化优势、品牌愿景、品牌个性、品牌社区等。
载体可以是网站、社交媒体、宣传噱头、博客、播客、简讯、品牌主张
（tagline）、海报和广告。然而仅了解这些概念和载体还不够，它们中的
每一项都威力强大，只有通过专业技能和突破性的创造力才能实现，不
仅仅是花钱就能实现的。

第 10 章回顾了品牌建设的一些基本原理，也包括我们刚才提到的
概念和载体。此外，本书在第 11～15 章中介绍了塑造品牌过程中的五
件"必做之事"，这些事情经常做得不到位，有时甚至不为人知或被企
业忽视。

塑造品牌：五件必做之事。

创建品牌北极星，为未来提供清晰、明确和激励人心的指引。品牌
北极星（Brand North Star）应包括品牌宗旨/使命、品牌愿景、品牌定
位和品牌理念。品牌宗旨/使命是对标志性社会项目本质的简洁描述。
品牌愿景指明了为数不多的代表品牌内涵的品牌支柱。品牌定位界定
了宣传的优先事项。品牌理念向外部受众清晰传达了品牌的本质。它们

共同为标志性社会项目提供了"北极星"，对感知品牌的内涵和外延、提升项目效果、扩展项目，以及运营、预算，特别是宣传工作的优先事项提供了指引。达成企业的目标时，它们会产生共鸣，甚至削弱竞争对手的优势，并提升企业的可信度。详细内容见第 11 章。

创建品牌社区。建立联系的有效方式是培育品牌社区，把在兴趣、活动、问题或观点等方面有共同点的人归为一个群体，品牌社区也是社区中积极的一员。品牌社区提供功能信息和社会福利，是一个可以与他人分享经验、故事和想法的地方。品牌网站成为中心组织节点和信息源。例如，在第 3 章中我们会具体讲述，赛富时在全球拥有 40 多个非营利性的以高等教育用户为主的社区，这些社区由赛富时支持、资助和管理。赛富时的这些"成功人士"社区为客户、合作伙伴和潜在客户提供了一个值得信赖的环境，他们从中可以获取答案、分享想法、开展协作和学习实践。社交和功能体验比任何项目宣传都能更好地将人们与品牌联系起来。有关品牌社区的更多信息，参见第 12 章。

让有趣的故事说话。如果受众兴趣索然、争辩反驳，会削弱宣传的效果，这一点要尤其注意。但令人痛苦的事实是，在媒体混乱和信息过载盛行的时代，人们对事实陈述和项目描述通常提不起兴趣，他们会用其他方式来打发时间。如果真的只陈述事实和项目，他们就会持怀疑态度。研究表明，在这种环境中，讲故事能够引发关注、吸引参与、与受众建立情感联系、使受众产生积极情绪、抵制反驳并给人留下深刻的印象。企业应该找到令人感觉惊喜，发出"哇!"的感叹的"标志性"故事，这种故事具有非凡的娱乐性、信息性、吸引力或参与性。第 13 章解释了讲故事的原因和方法。

寻找并宣传企业的银弹品牌。所谓银弹品牌（Silver Bullet Brand）是指通过提供活力、差异化或可信度来帮助另一个品牌的品牌。它可以是一个功能、一项服务、一位创始人、一个故事或一位代言人，可以回答"为什么要实施这个项目"。如果你问为什么人们会被你的品牌所吸引，而得到的答案并不是品牌化的话，那么这可能就意味着你已经错过了一个机会。如果企业的"秘密武器"实现了品牌化，它将获得品牌化的优势，更容易宣传，最重要的是，它将是企业独有的。第14章研究了银弹品牌实际应用的案例。

让企业的标志性社会项目规模化。如果银弹项目成功地产生了真正的影响，那么企业就应考虑扩大其规模，以便将其复制到其他地区或其他目标受众上。扩大规模也许可以让核心思想的影响力增强十倍、一百倍，甚至数千倍。扩大规模的一条途径是成为他人的合作伙伴、顾问或支持者，那些人也想要满足同样的社会需求，并能从了解如何满足这一需求的过程中受益。就项目的日常需求而言，扩大规模，即把项目在当地取得的成功移植到更多地方，在人员和资源方面可能存在一定的困难，但这是一条产生全面影响的途径。更多内容见第15章。

以上的每一点都可以通过支持企业的品牌战略和品牌激活来改变标志性社会项目的命运。

品牌的作用

品牌在打造社会项目领导力和制定有效的"业务/社会"战略中发挥着核心作用。正是品牌让企业的社会努力产生协同效应和清晰度。在社会项目领域，品牌往往不受重视，投入资源不足，项目实施也不充分。为了近距离观察品牌的作用，我们通过品牌的视角来重新审视企业战略的要点。

用标志性社会项目应对社会挑战。需要标志性社会项目来向员工及其他利益相关者传达企业在应对社会挑战方面的承诺，这个想法本身就是一个重要的品牌决策。要选择社会需求和响应社会项目，需要先了解什么项目会引起客户的共鸣，什么项目适合企业或业务，两者都需要品牌视角。企业的宗旨或使命是其品牌的基石，为应对社会挑战而对其进行调整或拓展会影响到企业品牌。此外，组织文化在很大程度上是由组织品牌、品牌（战略）实施和沟通驱动的。

将标志性社会项目融入企业战略。有的人认为社会努力将对企业有益，但并没有明确指出社会努力提升企业品牌形象的主要路径。要了解这条路径，需要弄清企业品牌资产的构成要素（即品牌可见度、品牌形象和利益相关者的忠诚度），以及标志性社会项目的激发力和可信度是如何影响品牌的。

打造激励人心、值得信赖的标志性社会品牌。标志性社会品牌能助推标志性社会项目产生社会影响，并提升企业的形象，因此企业需要做强其标志性社会品牌。这就意味着诸如品牌定位、品牌愿景、品牌社区、标志性故事、网站、社交媒体、播客等与品牌相关的概念和工具需要得到企业的认可，尤其是需要得到企业高层的关注。

品牌组合协同效应

标志性社会品牌是品牌组合的一部分。我们需要管理四组品牌关系，以确保它们产生协同作用，而不是陷入混乱和低效。

商业伙伴。标志性社会品牌与赞助企业之间存在相互影响、互惠互利的关系，企业需要对这种关系加以积极管理。此外，企业还需要建立两者之间的联系。特别是，企业品牌应该对标志性社会品牌起到一定的辅助作用。

其他标志性社会项目。几乎总是有其他的，有时甚至是很多类似的标志性社会项目。这方面的挑战在于管理团队要确保角色分工明确，实现潜在的品牌建设协同效应，寻求扩大影响力的机会，管理团队要站在企业战略的高度在项目之间分配资源。我们应该认识到，伞型品牌也可以发挥战略作用。

标志性社会品牌的银弹品牌或"秘密武器"。这里所说的银弹品牌或"秘密武器"包括需要加以管理、投入资源并与标志性社会品牌联系起来的品牌特征、服务、故事、创始人或代言人。

外部合作伙伴品牌。美国最大的女孩团体美国女童子军（Girl Scouts）等外部组织可以支持具有相关使命的标志性社会品牌。正如我们将在第 12 章中看到的，户外品牌巴塔哥尼亚（Patagonia）的社会努力涉及多个有着相似目标的行业组织。

本书框架

本书我们将讨论为什么需要理解以及如何顺利实施企业的一系列战略要点，全书共分为四个部分。

第一部分，使命导向型品牌建设：时代背景

第一部分的三章内容（第 2～4 章）为读者更好地理解社会项目的作用提供了时代背景。第 2 章、第 3 章分别对两个模范公司进行了案例研究：第一家公司是联合利华，这是一家多元化的 B2C 公司，已有

一百多年的历史，在全球拥有一百多个强大的品牌；第二家公司是赛富时，这是一家 B2B 公司，仅成立二十多年，提供单一品牌的产品。这两个案例说明了社会项目的力量，项目、社会需求和利益相关者的多样性所造成的复杂性，以及将社会努力融入企业的力量。

通过分析发展社会项目的五大驱动力，在第 4 章中，我们指出企业的社会努力已经由"锦上添花"转变为"不可或缺"。这五大驱动力分别是：利益相关者模式不断取得成功，社会问题的严重性和关注度，拥有资源、洞察力和敏捷性企业的使命担当，员工及其他利益相关者的要求，以及企业品牌需要社会项目来为之赋能并提升形象。发展社会项目的战斗尚未结束，提升空间依然很大，势头正劲。

第二部分，激励人心、具有影响力和生命力的标志性社会项目

第二部分介绍战略要点一的基本原理、标志性社会项目及其所代表的挑战。

- 第 5 章解释宗旨/使命和文化如何促进标志性社会项目的发展和繁荣。
- 第 6 章定义标志性社会项目，并介绍内部项目和外部项目。
- 第 7 章讨论如何寻找或创建标志性社会项目并提出选择标准。

第三部分，将标志性社会项目融入企业

第三部分讨论战略要点二：将标志性社会项目融入企业战略，以及如何增强项目并获得企业的支持。

- 第 8 章详细介绍标志性社会项目如何提升商业品牌影响力以及为什么应该这样做、为什么可以这样做。
- 第 9 章解释企业业务如何提升品牌形象，以及如何将两个组织融合起来。

第四部分，将标志性社会品牌融入企业基因：建设品牌的五件必做之事

剩下的当务之急，也就是第四部分的主题，把企业置于标志性社会项目的领导立场。在商业伙伴的帮助下，企业如何打造出一个充满活力的强大品牌，一个有助于影响社会需求、代表企业的社会努力并提升企业品牌价值的品牌？

第 10 章回顾一些已被验证的品牌建设的概念和工具。

第 11～15 章介绍品牌建设的五件"必做之事"——创建品牌北极星，为未来提供清晰、明确和激励人心的指引；创建品牌社区；让有趣的故事说话；寻找并宣传企业的银弹品牌；让企业的标志性社会项目规模化。

本书是为那些致力于社会努力的企业和那些有志于成为标志性社会项目合作伙伴的非营利组织而写的，旨在通过以下两种途径向这两类组织提供帮助：一是利用品牌概念和工具来创建和管理那些满足切实存在、令人感觉真实的社会需求的社会项目；二是帮助合作企业建设其品牌。

使命导向型品牌建设
时代背景

第一部分我们将介绍时代背景，它将有助于说明第二、三、四部分中的内容。在第一部分中，我们将重点阐述"使命导向型品牌建设的未来"的本质。第 2 章和第 3 章我们将以联合利华和赛富时两个公司的案例，展示使命导向型品牌建设的复杂性，以及合理实施后的潜在回报。第 4 章将介绍推动企业在企业战略和优先事项中提升社会努力的五大驱动力，这五大驱动力将证明社会努力对于企业而言是"不可或缺"的，而非"锦上添花"。一个组织如果要不断支持和推进其社会项目，了解这五大驱动力就很有必要。

THE FUTURE OF
PURPOSE-DRIVEN
BRANDING

第 2 章
联合利华
应对社会需求，塑造使命导向型品牌

无论一个人多么自私，在他的天性中显然一定还有些道义感会促使他去关心他人的命运，视他人的幸福如同自己的幸福一样必不可少，虽然他看到别人幸福时除了自己觉得愉悦之外，从中一无所获。

——亚当·斯密（《道德情操论》，写作日期早于《国富论》）

联合利华的品牌故事

1894 年，肥皂制造商威廉·海斯凯斯·利弗（William Hesketh Lever）推出了卫宝肥皂。这款肥皂的使命是抗击维多利亚时代英国的霍乱，使健康和卫生惠及每一个人，它使用的标语是"守护健康"。这是利弗兄弟公司（Lever Brothers）的起源。

在履行社会使命方面，利弗远远领先于他所处的时代。[1]他倡导利润分享，并称其为"繁荣共享"，他为员工建造了一个名为阳光港（Port Sunlight）的模范城市（那里的房屋至今仍受追捧），为老年人争取福利，为刚果的棕榈种植地区提供教育和医疗保健服务，并向所有人推广宣传洗手的健康益处。在卡内基、范德比尔特、洛克菲勒等人并不认同其价值观的时代，利弗做这些不完全是为了利润。

1930 年，英国的利弗兄弟公司与荷兰的联合人造黄油公司（Margarine Unie）合并成为联合利华，此后联合利华开始了雄心勃勃的收购业务和品牌发展的计划，包括对冷冻食品和洗发水的早期投资。遵循"使命驱动，契合未来"（Purpose Led，Future Fit）的商业模式，加上"以使命和创新为动力，用品牌行善，赢得未来"等战略，2021 年，联合利华的价值达到 600 亿美元，经营范围覆盖 190 个国家/地区，拥有 400 多个品牌。[2]

20 世纪 90 年代和 21 世纪初，联合利华在提供有益健康的产品方面取得了巨大的进步，并站在环保努力的最前沿。从 1995 年到 2010 年，该公司的二氧化碳排放量（单位产量）减少 44%，用水量减少 66%，废物总量减少 73%。这些努力得到了全球的认可。例如，在 GlobeScan 发布的一项年度研究中，全球 700 名专家列出可持续发展领先的公司，联合利华在饮料和食品超级行业的 2010 年道琼斯可持续发展指数中，以遥遥领先的优势位居榜首。[3]

2010 年，已经势头强劲的联合利华对社会努力更加兴致勃勃，并将其品牌化，命名为联合利华可持续行动计划（USLP）。联合利华和 USLP 的使命变成了"让可持续生活成为常态"，联合利华认为这是企业发展的最佳长久之道。伞型品牌 USLP 有助于在联合利华企业内外宣传其使命背后的优先事项和实质内容。作为联合利华努力应对社会挑战的重要证明，USLP 已然成为该公司的标志性品牌。

设计并积极推进该计划的是一位 2009 年加入公司并出任 CEO，时年 52 岁的保罗·波尔曼（Paul Polman）。波尔曼的理念是，在一个需要企业成为应对环境和社会挑战的积极伙伴的世界里，股东不应是唯一重要的利益相关者，利润最大化也不应是企业的唯一目标。他因此而成为最引人注目的企业发言人。

有五个兄弟姐妹的波尔曼在英国长大，1979 年他来到美国，在辛辛那提大学获得 MBA 学位。波尔曼来到美国后就开始在宝洁公司半工半读，做了 27 年的维修工作。在宝洁的职业生涯让波尔曼体验到，诸如在比利时洗涤剂厂清除垃圾之类的社会活动也能产生经济价值。他还发现，社会活动能够促进公司发展和业务增长。21 世纪初，身为宝洁公司全球织物总裁的波尔曼谈到了解决贫困、疾病、营养和女性生活质量问题的项目所创造的商机。在宝洁经历了丰富多彩且成功的职业生涯后，波尔曼去了雀巢公司，在雀巢公司工作了四年，在被拒绝担任 CEO 后，波尔曼加入了联合利华。

波尔曼的第一个决定是，在季度利润报告之前不再设定收益指导目标，这是他在联合利华的优先事项，反映了他有意将注意力从短期财务目标转移到长期商业价值模式上，用他的话说："这样做才能实现公平、共享和可持续发展。"[4]他指出："联合利华的宗旨是建立一个可持续的商业模式，更好地服务社会。"[5]他请不接受这种商业模式的投资者投资其他公司。

波尔曼给出的理由很有趣。他指出，由于资本主义的局限性，企业造成了一系列不可持续的问题，包括全球变暖、资源枯竭和贫富差距日益扩大。"企业必须决定自己想扮演的是什么角色，是袖手旁观等待政府采取行动，还是走上球场（板球运动场的中心）开始解决这些问题？在联合利华，我们相信企业必须成为解决方案的一部分。但要做到这一点，企业就必须改变。联合利华将不得不摆脱单调死板的季度报告，专注于长期运营；必须将自身视为社会的一分子，而不是脱离于社会；必须认识到，公民和社区的需要与股东的要求具有同等的重要性。"⊖

联合利华可持续行动计划

联合利华可持续行动计划（USLP）包括一个实现可持续增长的十年目标，以及随之而来的第二个十年承诺，即联合利华指南针（Unilever Compass）。多年来 USLP 不断发展，但它始终围绕以下三个重点领域。

- **改善地球的健康状况**。生产、创立能够减少温室气体、节约用水、减少废物（尤其是塑料废物）并促进可持续采购的产品和项目。

⊖ 联合利华官网。

倡导节约资源和保护地球的公共政策立场。

- **帮助人们获得健康、信心和幸福感**。制作更健康的食物。创建能够减少饥饿、提供安全的用水、减少疾病、灌输信心和提升幸福感的项目。支持能改善生活的社会政策。

- **为建设一个更公平、更包容的世界做出贡献**。维护人权、公平对待员工、让员工从事有意义的工作、确保工作环境的平等和多样性，并践行有道德的行为。

从中我们关注到了以下三点内容。第一，USLP 中的"可持续"一词在许多情况下，超越了对环境的关注，涵盖了改善健康、增进信心和福祉的项目，以及促进社会包容和公平的政策。可持续战略将涉及所有社会项目。这意味着长期着眼于为子孙后代服务，而不是仅仅关注眼前的月度财务状况。

第二，这三个领域的范围和使命都非常广泛。例如，获得健康、信心和幸福感这个领域就有四类带有标签的项目：平等和包容、提高生活水平、积极营养，以及健康与福祉。每一个项目都有子类别，例如，健康与福祉类别包括公共卫生和个人卫生、口腔卫生、自尊和品牌导向型包容等子类，根据受众的不同，可以把这些子类视为 USLP 伞型品牌下的标志性子品牌。

因为 USLP 的使命代表着一个广泛的伞型品牌，在 190 个国家/地区的 400 多个品牌中，每一个品牌都可以创造适合其背景的产品和社会项目。那些有效的，尤其是那些直接或间接促进联合利华业务的项目，可以推广到其他国家，有时还可以推广到其他产品。

第三，可评估的目标为这三个领域提供了动力和紧迫性。联合利华实施了 50 多项有时限的措施，用于指导从原材料采购到在家庭中使用产品整个流程的项目。对评估的强调是基于这样一种认识，即企业和个人会对被评估的目标做出反应。量化项目进展有助于评估和改进举措和项目。这些评估措施即使并不完善，也提供了有用的视角。

可持续生活品牌。2010 年，联合利华认识到，在其旗下的 400 多个品牌中，部分品牌在 USLP 方面已经表现良好了。这些品牌获得"可持续生活品牌"的标签，这一标签被定义为"传播高远的环境使命或社会使命，其产品有助于实现公司将环境足迹减半并积极扩大社会影响的雄心"。[6]每年都有更多的合格品牌被列入其中。

2020 年，联合利华拥有的可持续生活品牌数量从三年前的 17 个增加至 28 个，这其中不仅包括多芬、卫宝、本杰瑞（稍后将介绍），还包括以下品牌。

- 奥妙（OMO）：通过发起"户外教室日"，用"泥土有益健康"的品牌标语鼓励儿童参加户外游戏活动。
- 凡士林（Vaseline）：通过"人人平等护肤"治疗皮肤病的项目，已惠及 300 万生活贫困和遭遇灾难的人。
- 克诺尔（Knorr）：通过"克诺尔公益项目"，推出了一种浓缩肉汤块，以及一项在食谱中加入绿色食品的运动，解决了尼日利亚的缺铁性贫血问题。
- 立顿茶（Lipton Tea）：其宗旨为，"大自然一直是我们的茶厂。每一包立顿茶，都是利用大自然的雨水、风和阳光种植出来的，为您带来我们标志性的浓郁口感和香气"，该品牌为保护雨林做出了巨大贡献。
- 第七代（Seventh Generation）：推出植物性清洁产品，旨在"激发消费者革命，呵护未来七代人的健康"。

USLP 在 2010～2021 年间的表现令人印象深刻，得到了广泛认可。

在那十年里，联合利华在 GlobeScan 的研究中独占鳌头，其股价从 20 美元升至 60 美元，可持续生活品牌的增长远远超过联合利华的其他品牌。[7]

以下列举了 USLP 产生的若干社会影响。[8]

环保行动。2008～2019 年，二氧化碳排放量减少了 65%。到 2019 年，24 家工厂实现了碳中和，产品重新进行了节能设计（例如，某些产品的生产变得更加集中），用电 100% 来自可再生能源发电。通过再循环基础设施投资、产品重新设计，以及提出到 2025 年减少塑料使用和进一步加大回收力度的宏伟目标，解决了塑料垃圾问题。2010～2019 年间，废弃物足迹总量减少了 32%。此外，可持续的农业资源比重从 2010 年的 14% 上升至 2019 年的 62%。

改善健康。从赫尔曼牌的纯素蛋黄酱到本杰瑞牌的无奶冰激凌，整个公司都采取了提供植物性产品的举措，这是创建可持续食品系统和减少全球变暖的重要组成部分。降糖、降盐、强化食品营养的举措正在进行中。2010～2019 年间，联合利华通过改善洗手方式、推进厕所创新和加强水质安全等措施，帮助 13 亿人改善了健康和卫生状况。

人的自信。鼓励员工参加"使命肩负者"活动。在活动中，参与者需要回答一些探索性的问题，从而清晰地表达自己的使命。"人类火花点火者""颠覆性数字领导者"或"绿色星球拯救者"等标签应运而生——在该项目自 2014 年启动后的五年里，近五万人找到了自己的使命。

迈向更公平的世界。根据公平薪酬框架倡议，联合利华在整个运营过程中推进性别平等和合理薪酬。责任性采购方针（Responsible Sourcing Policy）为供应商设定了劳工权利标准。2019 年，达到这些要求的供应商占到 70%。全世界都在努力支持女性企业家。

USLP 的规划期限为十年。2019 年，继波尔曼之后，艾伦·乔普（Alan Jope）出任 CEO。乔普在联合利华工作了 35 年，曾在全球范围内担任过联合利华的多个重要高管职位。乔普通过联合利华指南针战略继承了 USLP，该战略确立了与 USLP 相同的三大要点：扩展项目、设立雄心勃勃的新目标和激发新活力。它代表了对公司和世界所面临的社会挑战的更有力的承诺。用乔普的话说："联合利华指南针的核心是一种信念——通过与我们服务的全球数十亿人建立联系，可持续和肩负使命的公司会取得卓越的长期绩效。这些人希望看到公司和品牌不断发展，并积极参与解决当今最紧迫和最根深蒂固的社会挑战，而不仅仅是口头上说说而已。"[9]

乔普接着说道："联合利华指南针的力量和意义在 2020 年推出的一些重大举措中得到了生动的体现。例如，'洁净未来'（Clean Future）项目承诺，到 2030 年，我们将用可再生碳或可回收碳取代清洁和洗衣产品中所有源自化石燃料的碳。通过'未来食品'（Future Foods）项目，我们已经设定了改变全球食品体系、减少食品浪费并加速转向植物性肉类和奶制品替代品的宏伟目标。"[10]这两个项目都可能成为标志性社会项目。这些以及其他一系列项目都肩负这一个扩展的使命："联合利华旨在打造推动社会向好的优秀品牌，让可持续生活成为常态，为打造一个更加可持续且公平的世界而行动起来。"[11]

让我们仔细看看这三个可持续生活品牌：多芬、卫宝和本杰瑞，看看联合利华指南针（和 USLP）在品牌层面是如何运作的。

多芬：提升女性的自信与自尊

1955 年，联合利华推出了多芬"美容香皂"（不是肥皂），该产品中含有一种获得专利的温和保湿成分。根据第二次世界大战期间对无刺激性伤口清洁剂的研究，这种成分可以给皮肤带来明显不同的"感觉"。这款香皂的定位是，含有 1/4 的清洁霜，可以在清洁时"滋润"皮肤（和肥皂不同，肥皂在去除污垢和油脂的同时会使皮肤干燥）。于是，清洁霜变成了"保湿霜"，大量用于美容香皂。

到 2004 年，多芬的业务已扩展到 80 个国家，但在品牌差异化和业务增长方面却日益艰难。其原因在于，一方面，多芬的业务已经扩展到沐浴露、洗发水、除臭剂等与保湿不太相关的新产品领域，另一方面，竞争加剧，公司需要制定新的定位策略，并开始针对人们对美的感知进行基础研究。

多芬的研究表明，由于追求神话般的"完美"，人们对女性外貌的认知产生了扭曲，这引起了一项对 3 200 名女性的"真美"研究。问题很严重——只有 12% 的人认为自己的外貌高出平均水平，只有 2% 的人认为自己很漂亮。即使是儿童也会受到"自己长得不好看"这种对自我形象的负面影响，受到情绪和行为问题的困扰。

因此，2004 年，多芬推出了新的社会使命，重新定义"真美"（Real Beauty），以帮助女性积极看待自己的形象。"真美"行动始于展示真实女性的广告，这些女性可能比"理想"年龄更大，比"理想"体重更重，但仍展现出女性的美。广告牌上的广告邀请路人对某位模特进行诸如"肥胖还是漂亮""满脸皱纹还是岁月无痕"之类的投票，投票结果会动态更新。这触动了大家，一百多万人在多芬网站上投票，多芬产品销售额同比涨幅达 6%。

多芬早期的一则创意广告"蜕变"揭示出打造一副"模特样貌"需要在化妆和修图方面付出多大的努力。该广告在一个月内获得 1.7 亿次收看，以及大量转发，估计价值超过 1.5 亿美元。[12]

多芬发起的一系列活动反复传递同一个观点：每位女性都比她自

己想的更美丽，都应该相信自己。在 2013 年的一次活动中，一名法医素描师画了几位女性。第一次，仅凭她们对自己的描述（法医并没有看到她们）作画，第二次，根据观察过这些女性的陌生人的描述作画。在这次活动中，接受绘画的女性发现，第二次的草图比第一次的草图更讨人喜欢。品牌口号是什么？"你比你想的更漂亮。"在另一次活动中，以为自己佩戴有"自信"贴片的女性会感到且表现得更加自信，最后惊讶地发现贴片上什么也没有。在另一次活动中，在全球五个主要城市里，女性在进入商店时有两扇门可供选择，一扇门上写的是"漂亮"之门，另一扇门上写的是"普通"之门。随后引发的讨论是——为什么那么多人不选择走"漂亮"之门呢？这三次活动在全球的观看人次达到140 亿，估计每 1 美元的投资回报为 4.42 美元。

在"真美"活动早期成功的鼓励下，多芬高管不再仅仅通过广告来引发人们对问题的关注，而是推出有意义的项目，更积极地采取行动来解决问题。多芬针对 11～14 岁的女孩儿发起了"多芬自尊"（Dove Self Esteem）项目。该项目的推出，一部分是因为研究发现，八成女孩儿非常在意自己的外表，自尊心强的女孩甚至在意外表到连重要活动都会放弃的程度。该计划的使命是帮助"下一代在成长过程中与自己的外表和解，帮助他们提升自尊并充分发挥自己的潜力"。⊖

多芬自尊项目有许多品牌化的支持项目，所有这些项目都受到那些关注青春期和青春期前的女孩儿如何进行自我判断的专家的影响。该项目为教师（"我本自信"项目）、家长（"我本独特"项目）和青年领袖（"真我风采"项目）提供指导。多芬推出了一部名为《女孩儿房间》的五集连续剧，剧中女孩儿在浴室镜子前的感受与自尊障碍有关。

⊖ 多芬官网。

多芬每年都举办"多芬自尊周末"活动，在讨论辅助工具的支持下，旨在激励母亲和老师在生活中与女孩儿谈论美丽、自信和自尊。两年内，一系列六部时长一分钟的讲述身体形象的动画，辅以可下载的漫画书和针对 7～10 岁儿童的研讨会，这些项目成果惠及 2 000 多万名儿童。这些项目都是多芬自尊项目旗下的候选标志性子品牌。

多芬认识到，要扩展想法和项目，就得与了解女孩儿问题的组织合作。多芬长期与代表 1 000 万名女孩的世界女童子军协会合作。其中一项成果是"快乐做自己"（Free Being Me）项目，在实施的前五年内惠及 460 万名女孩儿。该项目和其他项目的灵感来自对年轻女性及其面临的问题的初步研究。"快乐做自己"项目通过有趣的互动活动来教导年轻人：身体自信和自尊来自重视自己的身体，勇敢地面对社会压力，并支持其他人要对他们自己的身体更加自信。该项目覆盖了约 150 个国家，创新和实验得以蓬勃发展。某件事若在一个国家行得通，在其他国家也就行得通。

多芬的员工和合作伙伴从 2008 年开始就参与到该项目中。八年后，3 000 多名员工和合作伙伴开展了身体自信提升活动，惠及 30 000 多名年轻人。这种参与反映了该项目对多芬品牌文化和战略的内部影响。还有一些人发表了演讲。多芬自尊项目全球总监梅根·拉姆齐（Meaghan Ramsey）发表了题为"为什么认为自己丑会对你不利"的 TED 演讲，该演讲获得了 400 多万次观看，大力推动了多芬和多芬自尊项目的品牌建设。

这些社会项目发挥了作用，它除了提高人们对问题的认识外，还改变了人们的看法和态度。一些针对目标受众进行的实验显示，在接触这些社会项目后，人们对自我形象和容貌的焦虑不仅会立即有所改善，甚至在几个月后，人们的认知依然会受到影响。[13] 2021 年，多芬报告称，多芬自尊项目向 6 000 多万名年轻人提供了自尊教育；到 2030 年，目标是帮助 2.5 亿人建立积极的身体形象认知。

新的社会使命提升了品牌和业务价值。当人们意识到自尊活动的意义时，购买多芬产品的意向会上升 10～25 个百分点。多芬的销售额从 2004 年的 25 亿美元增至 2018 年的 60 亿美元。[14]多芬的一项内部研究发现，与那些在这些社会项目上很少投入或者根本没有投入的国家相比，在那些积极投入大量资金的国家中，多芬的销售额增长了快一倍。多芬的蓬勃发展主要归功于它的社会项目。

AXE 品牌的问题。AXE 是 1983 年联合利华在法国推出的男性美容产品品牌，销售覆盖 90 多个国家/地区。而在一些国家/地区这一男性美容产品冠以凌仕（Lynx）的名称[⊖]销售。从 20 世纪 90 年代开始，AXE 就被定位为提升男性魅力的品牌。AXE 产品的香味儿会让漂亮女性为聪明的男性用户所倾倒。这些广告过于夸张和搞笑，但传达的信息很明确：AXE 品牌的香水对理想女性具有强大的吸引力。AXE 品牌获得了巨大的商业成功，目标受众观看过那些幽默的广告后，也许是在无意间（而不是理性地）就与广告的信息产生了共鸣。

AXE 品牌让联合利华受到指责，人们认为它虚伪。在多芬宣扬"真美"和自尊时，联合利华怎么能容许 AXE 品牌在广告中如此贬低女性呢？任何组织在通过这两条途径建立客户关系时，如何才能做到并行不悖呢？这个问题很棘手，困扰联合利华多年。尽管 AXE 品牌不算可持续生活品牌，但它也是一个自主品牌，所以难以解决这个问题。

2016 年，AXE 品牌意识到，除了停止造成"社会危害"的内部压力，外部的市场环境也发生了变化，传统的"AXE 吸引力"开始变得

⊖ 比如，在中国，因 AXE 已被注册，所以改称凌仕。——译者注

不合时宜，在拖累而非驱动增长。

有两项研究和一部电影颇具影响力。[15] 2014 年，一项涉及 10 个国家 3 000 多名男性的研究表明，遵从那些有关男性气概的过时观念让男性感受到巨大压力。2015 年的另一项研究发现，九成女性更喜欢那些乐于做自己的男性。一部时长 90 分钟的电影《面具之内》（*The Mask You Live In*）讲述的是，男孩儿和年轻男子迫于媒体、同龄人甚至成年人的压力，不得不遵守传统的男性刻板印象。他们面临着与情感切割、贬低真挚的友谊、物化女性和使用暴力等诸多压力。为了支持解决这些问题的策略，这部电影加入了心理学家等专家的评论，还提供了经验证据。AXE 品牌后来成为这部震撼人心的电影的合作伙伴和赞助商。

其结果是，出现了一种新的 AXE 效应——让男性能够表达自己的个性，做最有魅力的自己；让男性打破数十年来刻板印象塑造的男性气概的标签和假设。新效应得到了更广泛的男性护理产品和广告的支持，在一系列故事中讲述了男性如何尽可能地展现个人魅力。围绕"发现你的魔力"（Find your magic）这个主题，AXE 品牌展示了个体主义的力量：保持个性做你自己，而不是追求过时的"男性气概"。

在 AXE 品牌发起的倡议中，有一项是与"消除标签"（Ditch the Label）组织合作的，旨在对抗男性被贴上标签或遭受欺凌的现象。标签会影响男孩儿或男人看待自己和对待他人的方式。一项研究表明，无论是在职场还是在校园，3/4 的男性曾因为自己的外表而受辱，这未免太引人深思、令人不安了。

焕然一新的 AXE 品牌于 2017 年成为联合利华的可持续生活品牌，令人尴尬的割裂现象不复存在。该品牌肩负起一项带有社会维度的使命——帮助男人和男孩儿建立自信。

卫宝：守卫生命的社会项目

自 1894 年，带着对抗霍乱的使命，作为"皇家抗菌"肥皂被推出以来，卫宝一直致力于鼓励人们正确洗手，保持卫生。第一次世界大战期间，联合利华鼓励非战斗人员向士兵发放卫宝肥皂，以预防疾病。一个多世纪后，卫宝的目标仍然是通过用肥皂洗手来拯救生命。2021 年卫宝的使命是"通过创造实惠的优质产品和推广健康的卫生习惯来改变世界"。

21 世纪初，印度积极开展了一场"卫宝运动"，倡导卫生的洗手方式，开展该运动的一部分原因是减少印度未满五岁就夭折的儿童人数。此前有研究表明，在白天的几次关键场合用肥皂有效洗手，在全球范围内可以将腹泻、肺炎的发病率分别降低 45% 和 23%，而这些致命疾病是儿童死亡的主要原因。在印度的塞斯格拉村（Thesgora）开展的卫宝项目取得了更显著的效果，该村有 1 500 个易发腹泻的家庭，在项目实施后，该村的腹泻率从 36% 降至 6%，这个研究结果促使联合利华决定加快项目的扩展。

卫宝团队发现，即使积极宣传该项目的内容及其惊人的成果，他们也很难让项目取得进展。受到难以突破的困扰，当时担任卫宝全球负责人的萨米尔·辛格（Samir Singh）与卫宝的品牌团队及其广告商召开了一次头脑风暴会议。会后的简报剑走偏锋：没有宣传这个项目，而是戏剧化地描述了一个孩子的死亡。会议给出的方案是讲述一位失去孩子或幸免于此的父母的故事。很明显，他们找到了一个成功的点子，检验结果也证明了这一点。

有几个值得注意的结果。首先，确定了"守卫宝宝健康成长到 5 岁"这个项目名称，它生动地讲述了幼儿夭折的悲惨现实以及避免发生这种情况的方法。[16]这个名称本身已经说明了一切，但一些背景数据和项目信息使其更具影响力。其次，通过新增一些特色，洗手计划得到了改进。再次，一系列震撼人心、感人至深的故事使宣传不再杂乱无序，而是提供了大量的品牌活力。最后，在印度及其他 24 个国家推广该项目的决策得到了支持。

2013 年，"守卫宝宝健康成长到 5 岁"项目启动，其使命是通过在全世界传播良好洗手习惯的重要性来拯救生命。因其覆盖多国、着眼长期、各环节筹划周密且影响力可评估，该活动成为一个令人印象深刻的项目。这并非偶然，该项目还有效提升了卫宝品牌的可见度、受尊重程度和销售业绩。以下是该项目的部分亮点：

- 为了帮助在校儿童，"学校五人行"活动的五位超级英雄比夫、波、巴恩、海瑞贝克和斯帕克尔到学校"现身说法"，教孩子们如何洗手，为什么正确洗手很重要，并强调一天当中最重要的五个洗手场合（一种能在洗手前后照亮细菌的装置提供了证据）。这些内容通过动画、广播节目、音乐、游戏等形式变得栩栩如生。
- 年轻人积极参与。卫宝救生员志愿者项目借助青少年和大学生的活力和热情，在学校开展卫宝"学校五人行"活动。到 2019 年，这一活动总共动员了超过 15 万人。在印度，有 14 万名女童子军因在当地社区推广这种挽救生命的习惯而成为洗手英雄。在肯尼亚，学生们自愿成为"变革英雄"。
- 四万多名卫宝员工自愿支持该计划。
- 在一个印度的节日里，250 多万块名为"rotis"的大饼印上了"你今天用卫宝洗手了吗？"这句话。

● 评估——每天记录项目日志，记录各个项目接触点的影响力及评估的关键指标，这对于项目的改进和地区配置会起到指引作用。

有三个视频从受到项目影响的家长的视角，描述了该项目对塞斯格拉村和其他两个印度村庄的影响。仅在油管上，这三个视频就获得了令人惊叹的 4 500 万次的观看量。仅仅因为一块肥皂，这实在是太不可思议了！

在有关塞斯格拉村的第一个视频中，我们看到一位父亲匍匐走过田野、水坑和楼梯，前往附近的寺庙祈福，因为他的儿子活到五岁了。一群村民跟在他的后面，有的还在演奏音乐。我们看到这个男孩儿眼中充满了对父亲的爱。父亲明显对这个生日大喜过望，我们得知，这个男孩儿是他的祖父看到的第一个活过五岁的孩子。

第二个视频介绍的是一个对树痴迷的女人乌塔里。她给树浇水，在树旁边跳舞，赶走水牛，在树周围系上丝带，和树待在一起直到深夜。她的丈夫劝她去睡觉，因为明天是个重大日子，是他们儿子五岁的生日。我们了解到，在这个村子里，每当有孩子出生，就会种下一棵树，而乌塔里的其他孩子都死了，只剩下一棵树了。视频的最后解释了卫宝的洗手项目可以减少儿童夭折的原因。

在第三个视频中，桑格拉赫是一位年轻母亲，她来自一个卫生条件恶劣的村庄，正在观看一段描绘六年后场景的视频，视频中她可爱的女儿查姆姬蹦蹦跳跳去上学。查姆姬感谢妈妈为她做了一条紫色连衣裙，逗她开怀，即使有人取笑她，也坚持让她洗手，因为那意味着查姆姬躲开了夺走村子里其他孩子生命的疾病。

"守卫宝宝健康成长到 5 岁"项目的目标是：到 2020 年，向 10 亿人传达良好的洗手习惯的必要性，避免大量发生的 5 岁以下儿童夭折的情况出现。通过实地宣传和媒体报道，这一目标提前两年实现了。

该项目的实施效果令人印象深刻。一项研究显示，参与组的新妈妈在以下三个场合用肥皂洗手的比例明显高于对照组（参与组∶对照组）：换尿布后（26%∶2%）、母乳喂养前（42%∶3%）和上厕所后（39%∶10%）。此外，有90%的新妈妈向她们的朋友、家人和邻居谈及该项目，项目产生了良好的连锁反应。

"守卫宝宝健康成长到 5 岁"项目得到了其他旨在推动洗手事业的项目的支持，那些项目针对的是不同的人群和国家，因而采用了不同于该项目的其他方法。其中包括：

- **"母亲"项目**。通过无处不在的手机，母亲们相互联系，获取关于婴儿健康的建议和洗手的信息。该项目还让妈妈们了解当地是否存在主动感染的情况。自 2011 年以来，亚洲和非洲已有 2 000 多万名母亲通过社区走访和新生儿诊所接受了卫生教育。
- **"H 代表洗手"项目**。这个项目提供了一种工具，向正在学习字母表的学龄前儿童介绍洗手习惯。
- **获得清洁用水项目**。难以获取清洁用水阻碍了卫生工作，卫宝正在与合作伙伴合作，改善清洁用水的获取状况。
- **学校五人行项目**。该项目由卫宝与拯救视力组织（Sightsavers）合作，2015 年在肯尼亚发起（沙眼可致 10 岁以下弱势人群失明，而更好地洗手可将沙眼风险降低 30%）。到 2020 年，该项目已经扩展到其他国家，覆盖了 300 所学校，为期 21 天，活动包括宣誓、建设洗手台、组织游戏、唱歌、举办洗手比赛和颁发结业证书等。
- **全球洗手日**（Global Handwashing Day）。全国洗手日设立于 2008

年，卫宝是创始伙伴。卫宝招募了包括演员和运动员在内的近100名有影响力的人，影响到全球360多万人，以加大用肥皂洗手的宣传力度。这项年度活动迅速发展，10月的某一天，来自100个国家的超过5亿人参加了庆祝洗手的活动。[17]

● **全球疫苗免疫联盟（GAVI）。** 利用全球疫苗免疫联盟（GAVI）来让人们认识到免疫接种与肥皂洗手相结合的力量，以加速提升儿童存活率。

最后两个是外部标志性社会项目，与"守卫宝宝健康成长到5岁"项目共同运作，增加了品牌的可见度和影响力，两者相得益彰，堪称双赢，是内部项目与外部项目相融合的典范。

卫宝成为联合利华旗下增长最快的品牌之一，2008～2018年间卫宝市场规模的年复合增长率为9.6%，这在很大程度上得益于其与洗手项目的关联。[18] 2020年，卫宝是全球销量第一的抗菌肥皂。在坎特品牌足迹（Kanter Brand Footprint）针对49个国家里的21 000多个快消品品牌开展的调查中，卫宝的渗透率和使用率排名第五，仅次于可口可乐、高露洁、美极（Maggi）和乐事（Lay's）。[19]

本杰瑞冰激凌

1978年，儿时好友杰瑞·格林菲尔德（Jerry Greenfield）和本·科恩（Ben Cohen）学过冰激凌制作的函授课程后，在美国佛蒙特州伯灵顿一个经过翻修的加油站里开了一家冰激凌店。他们提供自制的冰激凌，专门添加大块水果、巧克力等来改善口感。早期，他们独特的幽默个性、生活态度和社会关怀就明显与众不同。

　　他们的一个价值观是开心就好，于是他们经常听从冰激凌爱好者的建议推出创意口味，比如"樱桃加西亚"（Cherry Garcia[⊖]）、"焦糖经"（Karmel Sutra[⊜]）、"和平漩涡"（Imagine Whirled Peace[⊜]），"神奇布朗尼"（Magic Brownie[⊗]）和"鱼饵食品"（Phish Food[⊗]）。还有"巨型冰激凌圣代[⊗]挑战"——20 勺冰激凌、4 片香蕉、两块饼干、两块布朗尼、热焦糖、配料，最后涂上一层厚厚的鲜奶油。他们还有"本杰瑞冰激凌专车"（Cowmobile），这是一种经过改造的移动房子，用于在独特的越野冒险中免费分发本杰瑞冰激凌。

　　他们的另一个价值观是回馈社会和社区。他们拿出一定比例的利润成立了本杰瑞基金会，该基金会不断加大资助力度，以满足社区和社会的需求。他们还有很多地方性举措，比如为地方慈善机构设立免费甜筒日（Free Cone Day）。但是，他们最标志性的社会努力还是他们俩对社会问题的热情，他们常常在对感知到的他人的需求或出现的问题表达掷地有声甚至激进的声援。通常，在导致需求或问题浮出水面的突发事件发生后的数小时内，就能看到本和杰瑞发表意见。面对争议，他们

　⊖　1987 年推出，是第一个以摇滚传奇人物杰里·加西亚（Jerry Garcia）的名字命名的冰激凌口味。——译者注

　⊜　巧克力和焦糖冰激凌，上面镶嵌着巧克力块和柔软的焦糖芯。——译者注

　⊜　一款由本杰瑞公司根据约翰·列侬的一首歌曲制作的冰激凌。甜奶油口味，配有太妃酱和巧克力酱。——译者注

　⊗　焦糖和巧克力冰激凌的混合物，加上巧克力漩涡饼干、大块巧克力饼干和花生酱饼干，包装上印着美国著名主持人、演员吉米·法伦（Jimmy Fallon）的形象。——译者注

　⊗　一种带有小巧克力鱼、棉花糖和焦糖漩涡的冰激凌口味。——译者注

　⊗　Vermonster 是一种巨型冰激凌圣代，一大桶冰激凌共有 14 000 卡路里左右。——译者注

从不害怕，而是坦然接受，他们的判断往往非常尖锐且戳中要害。

例如，2020 年 6 月，在美国明尼阿波利斯市因乔治·弗洛伊德（George Floyd）之死而引发的"黑人的命也是命"（Black Lives Matter）的抗议活动中，本杰瑞发表了一份声明。这份以"沉默不是一种选择"为题的声明情感充沛、明确具体，呼吁采取行动并直接提醒所有公民需要对核心问题负责，力度远胜其他公司的声明。[20]该声明直接针对系统性种族主义，提出了具体的解决建议，推广了其网站上的相关文章，最重要的是，营造了解决问题的紧迫感和采取共同行动的责任感。这充分体现了本杰瑞一贯的天性：立场坚定、敢于挑战、毫不妥协。

本杰瑞能做出那些社会承诺，是因为它有能力通过独特的手段或噱头来引发对话。在 2005 年地球日当天，当美国参议院投票提议开放北极国家野生动物保护区进行石油钻探时，本杰瑞发起了一场抗议活动，制作了有史以来最大的火焰阿拉斯加冰激凌（Baked Alaska），重达900 磅，并将其放置在美国国会大厦前。

本杰瑞的社会项目组合很多元，重点关注当下，强调的领域包括建设和平、难民问题、气候正义、公平、种族正义、政治献金和自家运营，其中自家运营相关问题包括包装业务问题（纸板包装的早期推动者）、公平对待供应商、合同定制生产（CMO）标签以及使用激素增加牛奶产量问题等。

大多数问题都是靠一群有能力发挥影响力的合作伙伴来解决的。例如，公平贸易组织为发展中国家的工人和农民设定了公平价格。本杰瑞接受该组织认证的价格，并支付溢价来帮助改善当地社区。在气候正义方面，本杰瑞支持由 350.org 组织主办的、由年轻人领导的罢工。本杰瑞的另一个合作伙伴是儿童保护基金会（Children's Defense Fund），该基金会呼吁社会关注儿童的基本需求，为此向美国国会发出了

70 000 多张明信片。

本杰瑞本身并没有一个具体的标志性社会项目，但它却形成了一种标志性风格，即对热门的社会问题发出质疑却强有力的声明，并愿意举办引人注目的大型活动。这个品牌发出的声音总是很响亮，有时会让一些人觉得刺耳，但它们却体现了两位以社会意识和幽默感开启创业之路的创始人的风格。2000 年，联合利华收购了本杰瑞，并承诺将继续发扬其传统，以其独特的风格致力于解决关键的经济和社会问题。

本杰瑞确实有两个同名品牌。一个是商业品牌，主打冰激凌，个性丰富多彩；另一个是社会品牌，专注社会需求，因两位创始人的强硬立场和幽默举动而形成了鲜明的标志性风格。

若干反思

联合利华在应对社会挑战和支持商业模式方面取得了成功，我们从中可以得出若干经验。总的来说，要关注企业战略和标志性社会项目之间的融合程度。在卫宝和多芬的案例中，标志性社会项目是品牌和营销工作的核心。对本杰瑞来说，公司的个性是由两位合伙人及其标志性活动和观点来定义的。联合利华这个品牌使社会使命完全融入企业战略，并成为企业战略的组成部分。除此之外，还有一些其他的经验。

社会项目需要得到组织的支持

有了联合利华这种公司的支持，社会项目就能启动并深入推进。如果没有资源投入，没有明确社会使命，那些重要的社会项目将举步维艰。

CEO 层面的承诺与可见度。CEO 及其他管理者做出广为人知的社会承诺，会让项目具备重要性、连续性和真实性。威廉·海斯凯斯·利弗一开始就证明了这一点，创建 USLP 的领导者保罗·波尔曼以及后来经营联合利华"大品牌"的艾伦·乔普等人也证明了这一点。他们做出的承诺催生了一系列着眼于长远，而非仅仅为了满足短期推广目标的新项目。

组织传承。联合利华的传统可以追溯到大约 130 年前的创始人故事，这为联合利华与健康相关的项目提供了可信度，代表着联合利华品牌的承诺和价值观。

需要变革。如果一切运行得非常顺利，即使看起来暴风雨将至，组织也很难发生变革。只有在出现严重的问题后，组织才会接受和谋求对长期的做法和假设的变革。创始人可以反映组织的传统，可以使项目合法化，但是在组织存续期间，有时一个问题甚至一场危机都会激发一个新的、充满活力的项目。多芬品牌经历的各种市场威胁、AXE 品牌面临的重重压力以及卫宝洗手计划令人失望的结果都说明了这一点。

要有深刻的洞察。为确定顾客真正的关注点，联合利华的品牌对顾客群体进行了不仅限于产品体验的探索。多芬探索的结果是，那种广为接受的"理想的美"的概念严重伤害了女性。卫宝对导致发展中国家儿童健康问题的原因以及如何解决这些问题的探索推动了"守卫宝宝健康成长到 5 岁"项目。AXE 品牌进行了研究并征求了专家的意见，揭示了男性面临的核心社会压力。

获得信任。我们需要关注把社会项目与企业品牌关联起来的方式。诸如"守卫宝宝健康成长到 5 岁""真美"等项目的品牌化使得建立这种关联成为可能，至少加强了两者之间的关联性。本和杰瑞幽默的举动为企业带来了活力和可见度，并提升了他们在核心社区的正面形象。

保持敏捷。做好快速行动的准备。问题层出不穷，挑战千变万化，新的挑战不断涌现。社会项目需要不断发展，需要新的合作伙伴登场。项目目标需要不断改变，通常比预期的更变幻莫测，因此对于"如果……怎么办"这种假设的问题，需要把问题放在明面上。

挑战既困难又复杂

要切实创建或找到具有社会影响力的社会项目并顺利将其引入组织加以管理，可谓既困难又复杂。

消费者抵制变革。联合利华发现，让消费者改变比预想的要困难得多。对消费者来说，社会问题只是考虑因素之一，未必和其他因素一样重要。因此，关于需要哪些变革，为什么变革有利于消费者的宣传应该是清晰的、一致的。在这个过程中，我们需要对抗自满情绪。[21]

需求和项目的多样性。社会需求和社会项目在一定程度上是由一系列的产品、市场和利益相关者驱动的，涉及范围极其广泛，需要采取各种各样的方法来应对这种多样性。

要创建出品牌家族。当前这个版本的联合利华故事涉及众多品牌——联合利华、USLP、洁净未来、多芬、真美、多芬自尊项目、AXE、卫宝、"H 代表洗手"等。需要理解和掌握每一个品牌的作用，以及它们帮助其他品牌家族成员实现关键提升的能力。

要力求对系统产生影响。单个公司可以改变运营方式，但无法改变系统。影响清洁水供应的因素和力量有很多，青少年的自尊问题也很复杂。即使是效果显著的项目也很少能单独成为完整的解决方案。

寻找到合适的合作伙伴。联合利华在开展社会项目时并没有单打独斗，而是与合作伙伴联合起来，使项目产生更大的社会影响力。所有这些品牌都有强大的合作伙伴，来共同推动开展和扩张项目。

评估很困难。评估的标准需要根据社会需要、具体的项目及其目标来进行调整，但相关标准很难制定，而且，如果没有经过周密的实验，评估标准可能会模棱两可。

宣传社会努力：标志性品牌的作用

哪些标志性品牌将扛起大旗、代表组织或支持其他品牌？显然，这样的品牌具有关键作用，而该作用能否得到发挥，将取决于目标受众。

整个组织。联合利华品牌和 USLP 品牌作为伞型品牌，体现了公司的全部社会承诺。这对于员工、投资者、供应商和其他利益相关者来说很重要。这些伞型品牌采用诸如卫宝、多芬和本杰瑞等商业品牌来塑造标志性社会品牌。代表环境项目的一个著名的标志性社会品牌是制定了2030 年目标的"洁净未来"。在环保方面的行动往往缺乏标志性品牌。

商业品牌纷纷创建自己的标志性品牌。卫宝有"守卫宝宝健康成长到 5 岁"等品牌项目；多芬有影响所有利益相关者，尤其是顾客的"真美"和"多芬自尊"项目。本杰瑞则凭借其品牌创始人传承下来的丰富多彩的引发公众关注的手段和面对争议性问题的强硬立场而发展出其标志性品牌。

社会项目品牌（比如，"守卫宝宝健康成长到 5 岁"等）有自己的标志性品牌，如"学校五人行""变革英雄"等，这些品牌对所有利益相关者都很重要，对积极的志愿者和捐助者尤其重要。

接下来我们要研究的是一个非常不同的榜样：赛富时。

THE FUTURE OF PURPOSE-DRIVEN BRANDING

第 3 章

赛富时

开展社会项目的先驱[22]

利润之于企业，犹如氧气之于人。如果没有足够的利润，那么你就出局了，但是，如果你认为人生的目的就是呼吸，那么你应该错失了一些东西。

——彼得·德鲁克（Peter Drucker），商业战略大师

马克·贝尼奥夫的使命愿景

时年 35 岁左右的马克·贝尼奥夫（Marc Benioff）在迅猛发展的甲骨文公司（Oracle）担任高管。当时他想花时间重新评估自己的生活，并找到超越肤浅的商业成功这一衡量标准的人生意义。他开始相信在经商和行善之间并不需要做出选择，两者可以兼而为之，于是他将公共服务这一使命融入公司的宗旨和战略中。

他帮助发起了旨在为贫困学校提供联网计算机的"甲骨文承诺"（Oracle's Promise）项目。该项目效仿的是科林·鲍威尔将军成立的组织"美国承诺"，该组织旨在促使美国青年更加致力于做善事。在一个项目中，当贝尼奥夫发现没几个员工按计划前去学校连接网线时，他就意识到，要想让社会努力长期发挥作用，企业及其员工需要真正做出承诺。

1999 年，贝尼奥夫决定离开甲骨文，创建赛富时平台，提出"软件即服务"，即云计算的理念。这款 B2B 服务软件是一款主要的企业软件，专注于客户关系管理（CRM）。CRM 软件帮助公司管理客户体验相关的各种因素，包括增加品牌可见度和关注度的活动，由此产生的客户线索、客户购买体验、客户支持、客户社区和客户服务等。

赛富时的总体思路是，赛富时软件不是安装在公司的电脑上，而是在互联网或"云"上运行。因为软件是租用的而非购买的，所以几乎不需要前期投资，并且昂贵的安装和维护任务相对轻松、高效且在后台进行。重要的是，软件会自动升级，不需要每年或每半年就进行破坏性且费用不菲的系统升级，也不会让客户因使用过时软件而体验变差。

为说服公司冒险使用新的软件模式——云计算，赛富时要克服一些阻碍。赛富时必须开发出使用方便、界面直观的软件，能够支持数百万名用户使用，同时还要可靠安全，足以克服客户对失去关键任务软件控制权的担忧。这些艰巨的任务得以完成，靠的是以下策略：快速、简单、一次就成功而且快速（值得再次强调）的软件，甲骨文公司的数据库平台和 Sun 公司的 Java 语言，这两家都属于知名品牌，以及提供能增强软件可靠性的程序。

为了说服客户接受云计算，面对许多诸如塞班系统（直接的竞争对手）等固守传统的公司，赛富时在推出一些现代化的新东西时扮演的是据理力争的小人物形象。该公司找到了新颖的方式来突出新旧之间的对比。2000 年 2 月，美国旧金山莫斯克尼中心（Moscone Center）举办了一场规模庞大的塞班用户大会，赛富时雇人在会场外举着写有"不需要软件"和"软件已过时"等口号的标语牌进行抗议。假冒的电台记者对此大加炒作。在一则广告上，一架老式的双翼飞机（代表塞班）和一架现代的战斗机（代表赛富时）之间形成了鲜明对比。所有这些都得到了媒体的报道和社交媒体的推波助澜。

赛富时从一开始就成为云计算领域的赢家和典范。1999 年 12 月，《华尔街日报》刊登了一篇题为"赛富时在最新的软件革命中取得领先地位"的文章。同时，作为思想领袖，为保持领先地位，赛富时也竭尽全力树立自己的行业领导者形象。它每六到八周就举办一次推新发布会。十年后，赛富时吸引到 65 000 多个客户，年销售额超过 10 亿美元。

赛富时的使命是利用其 CRM 软件，以一种全新的方式把客户和公司联系起来。为实现这一使命，一项很重要的能力是持续创新。赛富时创新的一个例子是智能引擎"Salesforce Einstein"，2020 年，该产品每天即可生成超过 10 亿次预测。另一个例子是赛富时创办的 Trailblazer

品牌社区，客户、合作伙伴和潜在客户在那里尽可咨询问题、分享想法、
开展合作和学习实践。除此之外，还有 2003 年推出的创新型用户活动
平台 Dreamforce，该平台吸引了超过 10 万名参与者和著名演说家，为
赛富时的粉丝提供了交流的机会。赛富时在第二个十年里持续增长，到
2021 年，赛富时的销售额超过 210 亿美元，市值超过 2 000 亿美元。

赛富时的捐赠模式

1999 年初，贝尼奥夫和几位伙伴在一间单间公寓里创办了赛富时，
创办之初他们就承诺在营利性商业模式中纳入社会项目。为了寻找榜
样，贝尼奥夫考察了多家在切实实施社会项目和环保项目的企业。

他充分利用考察结果，推出了 1-1-1 模式，即企业每年按照以下比
例回馈社会。

- 1% 的员工时间。
- 1% 的产品。
- 1% 的股权。

1-1-1 模式本身反映了赛富时对于认真进行社会投资的承诺。同时，
该模式也是一个伞型品牌，为众多社会项目提供归宿、合理性和信誉
度。同时，它因为代表赛富时在社会方面所做的努力而成为标志性品
牌。其他企业也面临着是否接受 1-1-1 模式的挑战。因为对其中一些企
业来说，捐出 1% 的股权行不通，只得代之以 1% 的利润。该项目也改
进升级，更名为"承诺 1%"。

到 2022 年，已有来自 100 多个国家和地区的 15 000 多家企业加入

该项目，"承诺 1%"的理念和品牌已经传播开来，赛富时的品牌价值及影响力也水涨船高。

那些接受赛富时挑战的企业可以利用"承诺 1%"品牌的可见度，为自己在解决社会问题和满足社会需求方面付出的努力提供可信度。"承诺 1%"品牌本身就传达了其内涵，即承诺利用企业资源来造福社会。"承诺 1%"品牌的价值源自其传统，贝尼奥夫早年创建赛富时的传奇故事就很好地诠释了这一点。对于许多企业来说，这个故事既激发了灵感，也提供了动力。

对赛富时等诸多企业而言，"1%"只是每年的最低投资额，而实际投资额往往要高得多。赛富时员工平均的志愿服务时间其实也远远超过 1%（每年两天的目标）。在 2021 财年，赛富时捐赠和折价的技术、赠款和志愿服务的价值估计超过 15 亿美元，超过销售额的 6%，超过净收入的 100%，明显超过了承诺的目标。

在创建并发展软件即服务这一方面，以及关注所有利益相关者，尤其是社区、社会和全球的企业理念方面，贝尼奥夫都形成了重要的个人品牌。他的观点包括：

- "除了赚钱，公司还能在其他方面大有作为。企业就要不断改善世界的状况。"[23]
- "生活中真正的快乐来自奉献、服务、为他人做事。"[24]

贝尼奥夫通过个人关注社区问题来提升他在履行企业的社会使命方面的地位和信誉。例如，他支持救助无家可归者并呼吁其他人效仿。他和妻子捐出巨额资金，创建了加州大学旧金山分校贝尼奥夫儿童医院。这是一家世界一流的安全网医院，为所有儿童提供医疗服务，不考虑经济状况和移民身份等因素。超过一半的患儿获得面向低收入家庭的加州医疗保险的保障。贝尼奥夫的个人品牌在赛富时履行社会责任时发挥了关键作用，提升了赛富时所做的社会努力的可见度、可信度和辨识度，强化了赛富时提出的"人与地球"这一概念。

赛富时以 1-1-1 模式（即现在的"承诺 1%"）为基石，在长达二十年的时间里参与有深度、有广度和影响力大的社会项目和社区活动。在此期间，它加入了几十个具有全球影响力的组织，如消费品论坛（CGF）的社会可持续发展委员会，该委员会在发现并解决消除强迫劳动等社会关键问题的同时，也推动了零售商和制造商之间的全球合作。赛富时还加入了世界经济论坛（WEF）全球未来理事会。

赛富时因社会项目的成功而屡获殊荣，在 2020 年《财富》"最佳工作场所"榜单中位居第六，这是它连续十三年入选该榜单。它经常名列前茅，且经常被评为《财富》"全球最受赞赏的十大企业"之一。2017年，它被评为《福布斯》"十年创新企业"；2018 年，它在《巴伦周刊》"最可持续发展公司"榜单中名列第二；2015～2020 年，它连续在《人物》（*People*）杂志根据大规模员工访谈创建的"关爱企业"榜单中名列前两位。在赛富时所处的 B2B 领域，这些奖项进一步巩固了其在"行善的同时赢利"领域的领先地位。

应对社会挑战的活动是由赛富时基金会这个组织协调的，这些活动有别于赛富时的业务。同时，两者又是相互关联、相互重叠的，其原因在于：许多诸如涉及软件或志愿者的社会项目都嵌入赛富时的核心组织。该基金会的目标是让世界变得更美好，为世界各地的个人和社区带来最有意义、可衡量且可持续的变化。[25]

为了解该基金会在社会努力方面的覆盖范围和影响，我们来看看"承诺 1%"项目的主要方向——技术推动社会变革、劳动力开发、公民慈善家，以及环保努力。

技术推动社会变革

赛富时相信技术可以带来改变，也可以推动社会项目并扩大社会项目的影响。这一方向的目标是让非营利组织中关注社会问题、教育、慈善和环境的变革者通过使用赛富时的强大技术来让世界变得更美好。至少对某些受众而言，"技术推动社会变革"这一伞型品牌具有标志性地位。

"我们的力量"（Power of Us）项目是赛富时向非营利组织提供免费或打折的赛富时技术以及培训和资源的渠道，用于提升非营利组织的成效，使其在某些情况下能够完全独立运营。自公司成立以来，该项目已为所有符合条件的组织免费提供了 10 个赛富时许可证、行业数据模型和折扣产品。2021 年，赛富时基金会通过"我们的力量"项目提供了价值超过 15 亿美元的技术和无偿援助。

赛富时有一套核心软件套件可以帮助非营利组织应对巨大的挑战，包括追踪它们与客户、客户型校友、志愿者、员工、捐赠者和潜在捐赠者之间的关系，管理与项目相关工作的跟踪系统，与员工帮助中心、客户信息系统、客户社区等建立联系。赛富时有一个平台叫"非营利成功包"（Nonprofit Success Pack），该平台支持所有志愿者、捐赠者和客户的数据库；帮助管理非营利组织与这三个群体的互动和关系；提供行业报告和监控绩效的控制面板。另一个平台是"非营利云"（Nonprofit Cloud），它通过开展以捐赠者为中心的体验活动、吸引支持者、整合和简化捐赠活动来支持筹款。赛富时的诸多项目帮助美国的慈善组织"大哥大姐"（BBBS）在安全环境中使用消息和数据库来处理复杂而敏感的问题：筛选志愿者并将志愿者与孩子们匹配起来。赛富时还有助于提升 BBBS 的导师培训获取资源的能力。"非营利组织营销云"（Marketing Cloud for Nonprofits）平台则帮助非营利组织应对营销挑战。

另一个平台是"教育云"（Education Cloud），直接面向非营利性教育机构。高校需要寻找、吸引和招收最合适的学生并为之服务，努力留住他们，然后建立持续的校友和捐赠者关系。这并非易事，赛富时的软件能发挥巨大作用。

还有一个平台是"慈善云"（Philanthropy Cloud），它将全球的企业及其员工与他们最热衷的事业联系起来。该平台帮助公司和个人追踪他们的捐赠，并向他们展示捐赠影响的指标。另一个平台是"可持续发展云"（Sustainability Cloud），用于快速跟踪和分析环境数据，以帮助企业逐步实现碳减排目标。

在新冠疫情期间，赛富时为非营利组织创建了"赛富时员工关爱及客户支持"（Salesforce Care for Employee and Customer Support）应用程序。这是一款预先配置的员工帮助中心、客户服务和联络中心应用程序，可快速响应咨询并及时通知客户和员工。

赛富时的一个客户是非营利组织"为美国而教"（Teach for America），该组织招聘和培训应届大学毕业生，让毕业生到贫困社区支教并成长为解决教育不公平问题的终身领导者，致力于解决美国 1 600 多万贫困儿童无法接受优质教育的现实问题。目前，该组织拥有 11 000 名教师，在全美 48 个地区拥有 32 000 多名校友和 2 500 名员工。这三个群体与潜在的教师和校区之间的协调工作非常烦琐，但赛富时软件可以派上用场。例如，移动应用程序 Salesforce1 可以让招聘人员随时随地轻松联系上组织的潜在教师，从而消除流程中的时滞；还可以接入社交媒体，帮助教师了解并推动教育领域的对话。

劳动力开发：改善公平受教育的机会

消除不平等的关键在于提高那些没有分享到技术成果的人的能力。那些人可能缺乏接受相关教育的机会，或者缺乏相关的动力。或者说，由于技术进步，他们的专业知识不再被社会所需。消除不平等，不仅要解决教育不平等的问题，还要解决社会面临的挑战，即如何打造一支适应数字时代的未来劳动力队伍。2019 年，贝尼奥夫签署了《白宫承诺》（*White House Pledge*），承诺为 100 万美国人提供培训。

劳动力开发的第一个策略是帮助处于弱势地位的 K-12 学校，首先从美国的奥克兰和旧金山（企业的"后院"）开始，然后扩展到其他大城市。该策略通过赠款和员工志愿者的工作，表彰和支持那些在帮助中小学生提高学习动机和学业水平方面实施有效计划并取得进展的组织。在目标学校中，修计算机课程的学生人数和数学成绩优秀的中学生人数都在大幅增加。

第二个策略是，支持和指导那些资助得不到家庭支持的学生读大学的组织。由于认识到学生的进步还与稳定的温饱和住房等基本问题相关，支持应对这些问题的组织已成为该项目的一部分。赛富时还在"未来力量项目"（Future Force Program）中为这些学生提供实习就业的机会。

第三个策略是，支持培训，为需要工作或需要更好的工作的那些人提供热门技能。这项标志性社会项目以赛富时自有的、旨在创建 Trailblazer 品牌社区的培训项目为基础，培养在赛富时软件生态系统中具有操作资格的人员。该策略不仅面向赛富时员工，还面向任何希望提高能力、参与更大的赛富时生态系统的人。赛富时在 Trailhead 网站上集中开设了数百门课程，学时从 2～18 小时不等，全部免费，还包括"赛富时云入门"和"非营利组织的志愿者管理"等主题。这些课程不仅传授与工作相关的知识，还提供简历认证。

Trailhead 以减少学习障碍为使命，帮助任何人在丰富多彩的赛富时生态系统中找到工作所需的工具，无论其背景和教育水平如何。如果你是求职者，希望提升技能、改变自己的职业生涯，那么 Trailhead 将帮助您取得成功。因此，Trailblazer 既是商业品牌，又是社会品牌。

人们还可以加入 Trailblazer 社区，在社区中学习软件、寻找导师，甚至找到工作。杰西·特翁-博阿托（Jesse Twum-Boato）曾在工作中受挫，后来在 Trailblazer 学习了十门获得认证的赛富时课程后，终于成为普华永道的一名方案架构师，此前这份工作对于他来说几乎是难以企及的。[26] 2017 年启动的赛富时"探路者"（Pathfinder）项目将这些课程正式整合为一套连续课程，以提升 Trailhead 的用户体验。

赛富时也在关注自己的员工，以确保他们有动力跟上自己所在领域的发展脚步，为工作场所的演变做好准备，有能力在赛富时继续发展，发挥自己的潜能。例如，Leading Ohana（夏威夷语，意为"家庭"）是一个全年的项目，旨在培养有思想深度、社会意识和全球视野的未来领导者，让公司更上一层楼。所有员工都有机会与从事社区开发的组织合作。

公民慈善家

这个想法是让每位员工选择一个他们自认为能从志愿服务或赠款活动中受益的社会需求。这是一种在最基本层面上依靠需求亲历者的社会创业。"公民慈善家"（Citizen Philanthropists）这个伞型品牌提供了一种传播这种社会活动内容（例如，故事、花费的小时数和产生影响的度量）的方式。

志愿服务是改变现状的首要途径。2021 年，72%的赛富时员工参与了志愿服务。无论是为三年级的孩子上一堂课、为大学申请者提供咨询、加入食品银行的董事会，还是帮助非营利组织筹款，志愿者都能通过密切接触和切身参与获得满足感和成就感。这种志愿服务还可以利用专业技能，甚至赛富时软件，来发挥更大的影响力。

一名来自赛富时爱尔兰分公司的志愿者与位于肯尼亚内罗毕贫民窟核心地带的圣马林学校建立了联系。这所中学拥有 250 名学生，附近还有一所拥有 500 名学生的小学。[27]十几名赛富时员工参与其中，通过捐款、提供设备和咨询等方式为学校提供帮助。一批人前往非洲，并与当年资助学校的九名校友会面。这九名校友当时已经大学毕业，从当时的背景看，这一成就令人震惊。大家一起跳舞庆祝，制订规划，都感到非常骄傲。

捐赠这种方式让员工感觉自己俨然化身为公民慈善家，可以利用他们的能力去寻找值得支持的事业和项目。赛富时每年给每位员工发放 5 000 美元，以支持他们寻找自己关注的项目，员工因此有机会成为公民慈善家。

环保努力

在赛富时成立之初的一次公司年度公开论坛上，客户支持分析师苏·阿莫尔（Sue Amor）问及公司在环保方面有何作为。贝尼奥夫的回答是，让她带薪休假六天去找到答案。这一挑战成为阿莫尔职业生涯的转折点，也促使公司找到了主要优先事项。阿莫尔回来后提出了一项减少公司碳足迹的计划。后来，她帮助组建了员工自营组织"地球理事会"（Earth Council）并出任领导者，该组织旨在检测公司内发生的基本变化，以应对气候危机。但故事并没有就此结束。接下来，她受命担任赛富时的首位可持续发展经理，帮助公司制定环保使命宣言，并整合支持可持续商业实践的政策。

最终，赛富时采取了多管齐下的方法。其中一项措施是加入由商界、民间社团和联合国领导者组成的联盟，在科学的基础上制定减排目标，确保气温上升幅度不超过 1.5 摄氏度。要实现这个目标，部分策略是减少供应商和员工出差时耗费的燃料所产生的碳排放。还有一项措施是在几年内使用 100% 可再生的能源，以实现云计算领域的碳中和。其他措施包括，支持那些参与节能减排项目的非营利组织，如"冷酷效应"（Cool Effect）组织，该组织用更节能高效的炉具取代传统的柴火炉，并利用赛富时的技术来管理家庭使用炉具的照片，以确保家庭在正常使用炉具。此外，还有"全球植一万亿棵树"（Trillion Tree）项目和可持续发展云平台等措施。

赛富时承诺到 2030 年保护或恢复一亿棵树，作为 2020 年在世界经济论坛上发起的"全球植一万亿棵树"行动的一部分，目的是动员全球到 2030 年在地面上新种或恢复 1 万亿棵树，因为重建森林是减缓全球变暖和生物多样性崩溃的关键部分。赛富时是这项活动的赞助商之一，马克·贝尼奥夫和林恩·贝尼奥夫夫妇是主要捐赠人，这项行动的指导依据是森林退化的证据及其影响，以及对行之有效的森林建设项目的研究。

另一项举措是通过赛富时可持续发展云平台调动软件资源，使企业能够真正洞悉其环保数据，包括碳排放量。公司的历史和实时的碳足迹数据可在动态报告和控制面板中直接显示出来，既可用于审计目的，也可用于高管参与。公司甚至可以跟踪整条产业链的直接排放和间接排放。为提供支持，赛富时还提供了《碳账户指南》（*Carbon Account Playbook*），帮助企业了解碳核算、环保足迹以及需要采取的行动。

致力于评估

在赛富时，有评估才能确保工作完成。在赛富时内部，有一个专门的团队，抓住一切可能的时机和场合使用数据和证据进行评估，他们通常采取以下三种做法。

第一，研究和分析数据有助于赛富时了解问题严重之处，以及在推动有意义的变革中，赛富时的资产和知识能在哪些方面发挥作用。这进而引出了改善教育、提高非营利组织成效的任务。例如，赛富时发布的《非营利组织趋势报告》指出了，数字化成熟度是如何促进非营利组织内的适应性战略、支持者获取和项目创新的。

第二，为确保投入力度足够、优先事项排序正确以及创造性的变革和改善在顺利进行，赛富时在资金、人员和项目方面的社会投资需要受到监督。赛富时的社会行动会被用于与过去进行对比，以确保具备足够的活力和适应能力。

第三，也是最重要的一点，因为公司的目标不是消耗资源，而是带来变化并产生影响，因此公司要把重点放在结果和投入上。[28]正因如此，需要证明在主要项目组合中，各个项目带来了有意义、可衡量且可持续的变化。结果评估通常很困难且令人沮丧，因为数据往往不易获取，而且可能存在很重要但很容易遭到忽视的二阶效应。据估计，赛富时在 2019 年的结果评估工作花费估值超过了 11 亿美元。

若干反思

尽管这两家公司（赛富时、联合利华）的情况大相径庭，一家是B2B的企业品牌，另一家是B2C的品牌家族，但值得注意的是，两家公司的战略和挑战看起来竟然大同小异。

与联合利华一样，赛富时将其业务战略、支撑文化与其社会项目有机结合起来。传统的伞型项目"承诺1%"为该公司致力于社会公益并在该领域取得领导地位提供了实质性支持。公司CEO贝尼奥夫为赛富时的社会项目注入了活力和可信度。许多有影响力的标志性社会项目与业务软件和支撑项目（如Trailblazer、Trailhead、Pathfinder和云计算品牌）相互融合，实现了最高水平的整合。

赛富时与联合利华分享了合作伙伴的使用、战略敏捷性以及对所解决的社会问题的深刻洞察等方面的经验。在赛富时，这种洞察通常是通过将其产品应用于社会存在需求的某个领域而获得的。这两家公司都发现，创建和宣传社会项目对双方来说都具有挑战性，原因在于：社会需求五花八门，响应项目种类繁多；任何项目都内嵌于更大的系统；寻找合作伙伴并与之合作具有挑战性；结果评估的问题也很棘手。

当然，一个重要的区别在于：赛富时是一个驱动产品和社会项目发展的主品牌，而联合利华是一个为卫宝、多芬等一百多个主要商业品牌代言的企业品牌。因此，赛富时需要扮演两个角色，一是商业/产品品牌，二是社会品牌。扮演这两个角色可能导致社会品牌的角色得不到内部和外部的足够重视，但这种风险在赛富时尚未出现。赛富时因其主品牌的地位，可能会自下而上地让员工、客户和需要帮助的非营利组织完成更多的社会工作。

　　为了继续给"使命导向型品牌的未来"讨论提供背景，我们来考察推动企业及其利益相关者为应对社会挑战而做出有效努力的各种驱动力。

THE FUTURE OF PURPOSE-DRIVEN BRANDING

第 4 章

发展社会项目的五大驱动力

在这个历史时刻，从此刻开始，企业将不仅仅由它们所创造的利润来评判，而且还要由它们为社会创造的价值来衡量。

——恩里克·洛雷斯（Enrique Lores），惠普公司董事长兼 CEO

对于越来越多的企业来说，创建社会目标和发起社会项目已经从"锦上添花"变成了"势在必行"。大多数企业已经或正在考虑实施社会项目。问题已经从"是否应该"变成了"如何才能"找到或创建可以很好地执行并产生显著影响的社会项目。这方面势头渐起，但私营部门目前所做的社会努力与可能和正在产生的潜在影响之间仍有很大的差距。

当然，社会项目已经存在一百多年了。还记得第 2 章提到的威廉·海斯凯斯·利弗吗？他渴望通过改善卫生条件来保卫健康、抗击霍乱，于1894 年创办了如今的利弗兄弟公司（后合并为联合利华）。无独有偶，米尔顿·赫尔希（Milton Hershey）通过试错法发现了巧克力棒的制作方法，于 1903 年在如今以他名字命名的小镇上建造了第一家工厂。他的做法与当时的实业家截然不同。他建造了住宅、公园、学校和基础设施，让他的员工生活得更加富足，还建造并捐赠了一所孤儿学校。他没有追求利润最大化。利弗和赫尔希都是当时商业界的异类。

20 世纪中叶，企业要开展社会项目这个概念开始盛行。1954 年，当代管理大师德鲁克写道，高管的一项重要任务是管理企业的社会责任，部分原因是企业的存在是为了社会利益。[29]然而，私营部门主要关注临时性的慈善捐赠，很少有企业通过重点突出、目标明确、运作得当的社会项目产生影响，这些项目旨在解决气候变化、资源枯竭、不平等、健康和教育问题等诸多社会挑战。

几十年来，在业务中推行社会项目的呼声不断高涨。1953 年，经济学家霍华德·鲍恩（Howard Bowen）在其著作《商人的社会责任》（*Responsibilities of the Businessman*）中首次提出了企业社会责任（CSR）

的概念。CSR 重点关注的是公平、诚信地经营企业，并改善企业所在地区的社区和环境。

1987 年出现了"可持续发展"的口号，人们认为当前的商业活动不应损害子孙后代的利益。有些人用这个术语来指代气候变化、资源枯竭等环境问题，但在大多数情况下，它更广泛地涵盖了与教育、健康和不平等有关的各项社会挑战。

2005 年，有人提出用"环境、社会、公司治理"（ESG）这个概念来指导投资者在其投资组合中选择在这三个方面表现良好且规避不良行为的企业。这个概念首次出现在一份题为《在乎者即赢家》（*Who Cares Wins*）的报告中，该报告是应联合国前秘书长安南的倡议，由 50 位金融界 CEO 联合发布的。正如第 1 章所述，ESG 的衡量标准存在局限性：它并不衡量企业内部业务单位的社会绩效，ESG 是否有能力衡量其声称要衡量的内容也受到质疑，而且它考虑的维度多达数百个，往往导致难以识别并奖励那些对社会挑战产生真正影响的项目。不过，这个概念表明：对于认真参与解决社会问题和满足社会需求的企业，投资者抱有浓厚的兴趣。

企业社会项目热度上升的一个表现是，企业纷纷发布内容详尽的长篇幅企业影响年度报告，其中包括企业在解决社会问题中的量化目标和进展。2020 年，90%以上的《财富》"500 强"企业发布了此类报告，比 2012 年的 20%有了大幅提升。[30]这种报告是全球性的，不仅仅针对规模最大的企业——毕马威会计师事务所 2020 年的调查发现，在 52 个国家里规模最大的 100 家企业（共 5 200 家企业）中，有 80%提交了关于其社会工作绩效的报告。[31]另一个表现是企业结构的改变。例如，2021 年，47%的"标普 500"企业任命了首席多元化官，其中 2/3 是在过去三年内任命的。[32]如今，首席可持续发展官也越来越普遍。

图 4-1 中显示了社会使命和项目的五大驱动力,它们是企业所面临的形势的背景。

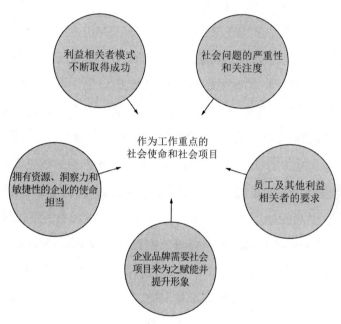

图 4-1　社会使命和社会项目的五大驱动力

利益相关者模式不断取得成功

关于资本的本质,长期存在着激烈的争论,即企业应该仅仅"最大化股东回报",还是应该为包括员工、社区、全社会和地球在内的所有利益相关者服务。当股东模式占据主导地位时,那些推动社会项目的人就会遭遇内部阻力。

股东模式的渊源可以追溯到哈耶克等奥地利经济学家。哈耶克于

1974 年获得诺贝尔经济学奖。在他 20 世纪中叶出版的著作中，主张
自由市场是在没有过多监管和"安全网"的情况下解决社会需求的最
佳体系。

芝加哥学派经济学家米尔顿·弗里德曼（Milton Friedman）对这个
自由市场概念进行了制度化处理，在 1970 年发表在《纽约时报》上的
一篇文章中，他宣称："企业的社会责任只有一个，那就是增加利润。"
亚当·斯密的"看不见的手"理论也强化了这一概念，认为当所有市场
参与者都追求利润最大化时，最优定价和高效生产将随之而来。股东模
型的假设是：利润增长后，会资助新的创新，而这些创新可以提高产品
质量，确保企业生存和健康发展，并用税收收入支持社会服务。

企业以提高股东回报为主要目标的观点在 1976 年得到强化，迈克
尔·詹森（Michael Jensen）和威廉·梅克林（William Meckling）这两
位经济学家当年的一篇重要文章指出，利润最大化应该是企业的目标，
而诸如慈善捐赠或过度发放员工福利之类的任何其他活动只会分散企
业的注意力。[33]此外，他们还认为，企业管理者应获得股票或股票期
权，以确保其有动力增加股东回报。这种观点得到了广泛认可，它不仅
支持了股东模式，还导致了工资不平等加剧的现象愈演愈烈。

正如大卫·盖尔斯（David Gelles）在其著作《打破资本主义的人》
（*The Man that Broke Capitalism*）[34]中所述，杰克·韦尔奇从 1981 年开
始在通用电气公司担任 CEO 长达 20 年，有力推动了股东模式背后理
论的发展。韦尔奇接手的是一家因创新和关注员工及其社区而享有盛
誉的公司，但他在任期间却一心追求利润和股价的增长。

韦尔奇在追求利润方面极为坚决。他通过大刀阔斧地裁员（每年解
雇绩效最差的 10% 的员工）、外包（追逐低价）、离岸外包（以此对抗固
执的工会）、出售业务部门（修复、关闭或出售是他的一项原则）来提

高利润率，导致员工变得可替代。投资战略研发是通用电气的传统，但他无意坚守这个传统，而是通过股票回购和收购来提高短期利润。他积极支持通用电气旗下的金融业务部门"通用电气资本"（GE Capital）参与高风险贷款和保险业务，这成为公司利润持续增长的重要来源（曾一度占到公司利润的 60%）。他没有专注于品牌建设，只在金融网络上开展过一次企业广告活动。当他的企业被发现是危险的污染源时，他却逃避责任。公司中那些有益于社会的项目却因不满足盈利要求而落选。

韦尔奇获得了成功和赞美。在他的领导下，通用电气的市值从 140 亿美元增至 6 000 亿美元，年回报率高达 21%，他也因此成为亿万富翁、管理大师和受人尊敬的榜样。他被《财富》杂志评为"世纪经理人"，《商业周刊》称他为"衡量其他 CEO 的黄金标准"。他使股东模式变得健康，甚至令人钦羡。在他离开通用电气的 2001 年，股东模式或许已经达到巅峰。

我们现在知道，韦尔奇的成功让员工、社区、国家和地球付出了巨大的代价，最终也对通用电气公司自身造成了巨大的损失。在接下来的几年里，通用电气股价下跌了 80%，2009 年，公司需要政府提供 1.4 亿美元的救助才能继续经营。在韦尔奇时期，通用电气还产生了一些外溢效应，如工厂就业人数下降、收入差距扩大。例如，1980～2000 年间，税前收入排名前 1%的人群的税前收入占总税前收入的比例几乎翻了一番，从 10%上升到 20%。[35]美国龙头企业 CEO 的平均薪资从 1980 年的 185 万美元上涨到 2000 年的 2 150 万美元。[36]

尽管韦尔奇的落幕并没有像当年的崛起那样引发媒体的关注，但在他离职后，他本人连同股东模式的声誉都受到了影响。此外，韦尔奇培养出来的八名通用电气的顶级高管受聘管理多家大公司。虽然其中两家公司的结果尚不明朗，但在包括波音、艾伯森和家得宝在内的至少六家公司中，对股东回报的过度关注都引发了灾难性的结果。[37]很显然，虽然韦尔奇制定的政策不仅得到认可，甚至还备受推崇，但在诸多层面上它们都具有破坏性。

利益相关者模式应运而生。该模式认为，除股东以外，企业还应该为多个利益相关者提供服务。每个利益相关者都是企业保持长期活力和生存的重要支柱。股东提供金融资本这项必要资产，其他利益相关者则提供其他资产，如人才、客户忠诚度、供应商可靠性、安稳的社会、基础设施（互联网、公路、铁路、住所、公共设施等）和资源（能源、水、金属、空气等）。这些资产的作用理应得到承认，其贡献也应该得到回报。此外，如果企业不解决社会问题，那么可能会导致地球变得不宜居、资源稀缺、基础设施恶化、贫困加剧、社会不平等、人口不健康以及经济衰退等后果，这些甚至对管理最为完善的组织也会造成影响。

最新的消息是，战斗尚未结束，但行善者正在取得胜利。那些拥有同理心、爱心，渴望承担社会使命，并开展切实有效的社会项目的公司看到自己的理念在不断取得胜利。有几个明显的迹象表明，获胜者正在不断涌现，尽管仍然存在一些阻力，尽管对于那些已经加入其中的公司来说，还有很大的提升空间。

2019年，由美国大公司的CEO参加的商业圆桌会议发布了一份新的使命声明，取代了1997年提出的"股东至上"声明。新声明明确指出，公司需要为所有利益相关者创造价值，其中包括环保承诺。[38]代表美国股市市值30%的公司的180多位CEO亲自在新使命声明上签了名。强生公司CEO兼会议主席亚历克斯·戈尔斯基（Alex Gorsky）认为，新声明"肯定了企业在CEO真正致力于满足所有利益相关者需求的情况下在改善社会方面能发挥的重要作用"。[39]

诸多企业已经开始迎接气候变化的挑战。通过访谈二十多位 CEO、分析行业报告和多个数据库，波士顿咨询公司（BCG）和世界经济论坛发布了 2021 年报告，报告显示，全球已有 9 000 家企业报告了碳排放量，其中 3 000 家企业设定了碳减排目标，远超 2017 年的 900 家，虽然只是少数，还有很长的路要走，但好在势头渐起。[40]

与此相关的是，获得认证的"共益企业"（B Corp）数量在持续增加，该认证证明企业在平衡营利与为利益相关者提供服务、成为行善力量方面的努力。82 家成立于 2006 年的企业于次年就获得了认证资格。这一认证过程烦琐、耗时费力，并且每两年就得再次进行认证。不过，15 年后，就有 4 000 多家企业获得认证，其中包括本杰瑞和巴塔哥尼亚。

有数百种书中描述了这场战斗，并阐述了关于利益相关者模式需要取得胜利的诸多观点。有些书往往在书名中就涵盖了这一信息，其中包括：

- 约翰·麦基和拉金德拉·西索迪亚的《伟大企业的四个关键原则》
- 菲利普·科特勒的《直面资本主义：困境与出路》
- 艾伦·赫斯特的《目的经济：社团组织发展新格局》
- 亚历克斯·爱德蒙斯的《蛋糕经济学：如何实现企业商业价值和社会责任的双赢》
- 保罗·波尔曼和安德鲁·温斯顿的《发挥积极影响：勇敢的公司如何通过付出多于索取茁壮成长》

如今，MBA 项目越来越重视社会问题及其解决方式，这反映了引领时代的思想和学生的兴趣。沃顿商学院开设了 50 多门与社会影响有关的本科生和研究生课程。2020 年，哈佛商学院有 600 名学生选修了与社会企业相关的二年级课程，而 2012 年只有 250 人选修这一课程。[41]

　　然后是商界领袖的公开声明。2018 年，贝莱德集团（BlackRock）的负责人、全球最大规模资产的管理者拉里·芬克（Larry Fink）在致 CEO 的一封信中写道："公司要想长期繁荣，不仅要实现财务业绩，还要展示如何为社会做出贡献。"[42]他后来补充道："利润与使命绝不矛盾；事实上，二者密不可分。"两年后，比尔·盖茨在达沃斯的一次演讲中呼吁新的"创造性资本主义"，其特点是商业系统肩负起双重使命：在赚取利润的同时，改善那些无法从市场中充分获益的人们的生活。

　　帮助社会解决各种问题实属正确之举，企业就应该帮助那些无法获得医疗服务、教育、住房、充足的食物、清洁的水源、未受污染的土地以及光明正大的致富之道的人们。企业也应该回馈社会，因为社会秩序、社会福利、社会活力以及健康的地球和经济，这些都是大多数企业赖以生存的重要资源和资产。我们还应该在工作中寻找意义，去做那些受自己的朋友、员工、客户、投资者尊重和钦佩的事情。

　　要巩固胜利成果，还有很多工作要做。获胜企业不仅需要得到支持和奖励，还需要得到激励，以树立更加高远的目标。另一些在社会工作中进展缓慢、只说不做，或者开展的项目不准确或无效的企业需要得到鼓励，以便它们做得更好。对于那些仍然没有意识到这一点的企业，需要识别出来并追究其责任。

　　持续支持利益相关者模式并让企业承担其相应责任，这不仅仅是企业管理者及董事会的责任，还是包括消费者、员工、投资者、商学院教授、有影响力的作家在内的更多人应该承担的责任。要确保企业保持健康并找到正确的优先目标，需要全球的共同努力。

　　这种动力从何而来？有以下四大驱动力。

员工及其他利益相关者的要求

企业要在解决社会问题上取得有意义的进展，这种压力来自多个方面，有政府机构、公众、社会呼吁，等等。但最有影响力的还是员工、客户和投资者。

员工追求意义。在当今世界，员工需要肩负更高的使命。销售额和利润不断增长、获得薪水，这些不足以充分回答"为什么要工作"的问题。包括管理层在内的员工都希望自己的公司受到尊重和敬佩，希望自己的工作具有意义。

多项研究表明，受到社会使命激励的员工更有可能加入公司，而且不会轻易离开，会为实现公司的目标而高效地、热情地工作。例如，2019年德勤对美国等 5 个国家的调查发现，使命导向型企业的员工留任率比竞争对手高出 40%。[43] 2021 年，BCG 和 WEF 发布的报告（上文已提及）估计，约有一半的员工认为可持续发展政策会影响他们决定留在哪家公司或加入哪家公司的决策。[44]

在千禧一代中，社会项目对员工的影响力更高。英国科恩传播公司（Cone Communication）发起的"千禧员工"研究发现，64%的千禧一代（出生于 1980～1994 年）不会接受没有制定强有力的企业社会责任政策的公司的工作，83%的千禧一代会对为社会问题做出贡献的公司更加忠诚（美国的平均比例为 70%）。[45]而对于最新加入劳动力大军的 Z 世代，数据就更有说服力了。

客户偏好。有相当一部分客户表示，自己的购买决策和品牌忠诚度会受到企业是否肩负社会使命、是否实施了积极有效的社会项目的影

响。例如，2019 年，对 1 000 名美国成年人进行的一项调查发现，更有
可能对承担社会使命的公司产生积极印象、感到信任和更加忠诚的受
访者比例分别为 89%、86%、83%。而 66%的受访者愿意从使命导向型
企业购买他们经常购买的产品。[46]使命导向型企业通常被认为会优先
考虑社会项目。

　　"爱德曼信任指数"是一项已连续发布了 20 年的年度调查结果，
通过对分布在 28 个国家的 1 000 多名成年受访者进行调查，测评了信
任度等多个维度。2020 年的报告指出，希望品牌能解决社会问题和个
人问题，支持自己，支持自己所在的社区的受访者比例分别达到 86%、
68%、63%。[47]

　　针对企业的社会价值观如何影响客户购买决策的问题，亚马逊联
合"环境研究"公司（Environics Research）开展了一项全球性研究。
研究结果显示，80%以上的欧美消费者认为，应该有更多品牌为社会贡
献更多力量，55%的美国消费者和 70%的欧洲消费者更有可能购买愿
意在社会问题上亮明立场的品牌的商品。[48]

　　当然，市场上的行为并不总是与这些情绪完全一致，但即使只有一
小部分人采取行动，也可能导致财务表现出现差异，企业蓬勃发展，不
断壮大。此外，有些消费者会通过向他人推荐品牌，或者在社交媒体上
分享评论等方式来表达自己的情绪，这可能是最有影响力的宣传。

　　投资者。投资者至少算得上利益相关者中的一个稳定的群体，其
立场也已经发生了改变。他们希望找到那些重视利益相关者的企业进
行投资。社会责任投资（SRI）其实已经存在了半个世纪，或者根据一
些说法，可以追溯到美国建国初期。曾经有一段时间，由于南非实行
种族隔离政策，社会责任投资曾排斥持股南非的企业。洛克菲勒基金
会于 2007 年首次提出了"影响力投资"（Impact Investing）这个术语，

代表投资组合将专注于社会目标和投资回报率。SRI 有时被视为专注于筛选掉"罪恶股票"。"影响力投资"强调的是企业有意发挥出积极的影响力。

作为上文提及的科菲·安南（Kofi Annan）2004 年倡议的一项成果，一个名为"负责任投资原则"（PRI）的组织成立了，其使命包括承诺将社会问题纳入投资决策和股票持有政策。最初约有 100 家金融实体参与该组织，到 2021 年其签约成员已增至 4 000 多个，资产管理总规模超过 120 万亿美元。[49]

一个关键问题是：能期待影响力投资带来何种财务表现？全球影响力投资网络（GIIN）给出了一些答案。[50]GIIN 是一个由影响力投资商和服务提供商组成的大型全球社区，为社区成员提供基础设施、活动、教育资源和研究指导。

GIIN 的研究表明，约有 1/3 的投资者愿意接受低于市场利率的回报，以实现企业的战略目标，约有 2/3 的投资者渴望实现达到或超过市场利率的回报。总体而言，20%的投资者超额完成了财务目标，12%的投资者未实现财务目标。在影响力目标方面，21%的投资者超额完成目标，只有 1%的投资者未能达到目标。[51]此外，对该领域的多项影响力投资研究进行的分析得出了一些观察结果。影响力投资基金的财务表现差异很大，这取决于投资组合构成的性质、所涉及的社会需求以及基金管理的质量等因素。平均而言，影响力投资者的财务表现不亚于非影响力投资者，甚至更好。在各种策略和资产类别中，追求市场利率回报的前 1/4 的影响力投资基金的表现与采用传统投资策略的同行基金相当。在许多情况下，业绩中位数也非常相似。

然而，投资者群体中有一部分人希望接管公司并实施紧缩策略，即无情地裁员、对品牌进行战略性投资，并通过研发加以改进，以提高短期利润和最重要的每股收益。2017 年，一家专门采用这一策略的实体试图收购联合利华，以期迅速削减"不必要"的支出，这必将严重削弱联合利华在各个领域的社会努力。联合利华通过公关活动，即向同情联合利华的投资者和政府机构提供逻辑和数据，最终击退了这家实体。这件事给我们的教训是，需要吸引"善良的"投资者，战略故事应该引人注目，而且要随时准备好，社会项目应能增强企业的实力，因此，取消这些项目并不是增加短期现金流的简单途径。

社会问题的严重性和关注度

纵观历史，社会问题关注度的提高促使政府和企业采取行动。例如，在 20 世纪 60 年代，蕾切尔·卡森的《寂静的春天》揭示了杀虫剂的危害，拉尔夫·纳德的《任何速度都不安全》和贝蒂·弗里丹（Betty Friedan）的《女性的奥秘》等书都引起了人们对社会问题的关注，从而推动了变革。[52]在同一时期，还爆发了一场消费主义运动，以杰克·肯尼迪提出的消费者权利为旗帜，促使企业开展了一系列社会项目。

1969 年初，圣巴巴拉漏油事件是当时美国近海最大的一次石油泄漏事件，它为新兴的环保运动提供了动力。环保运动的一个成果是，1970 年 4 月 22 日举办了第一届地球日活动，当时有 2 000 万人走上美国各地的街头，对破坏环境的行为表示抗议。

以各种事件、故事为表现形式的社会问题一直受到关注，但在过去20 年里，它们变得越发频繁、激烈、引人注目且令人恐惧。到处都是社交媒体和有线新闻的世界放大了每一个社会问题。此外，各种组织通过更深入地了解问题的起因、演变、行动措施和关注度等问题，提升了讨论问题的层次。例如，联合国在 2015 年制定了一套可持续发展目标，为 190 多个国家所采纳。其中的消除饥饿、消除贫困等 17 个目标都规定得很具体且可衡量，许多企业将其社会努力与任何与之相关的目标联系起来。

现在，我们将重点关注气候变化、不平等、健康和教育这四大社会问题，并指出：穷国人民所面临的问题更为严重，而对解决这些及其他问题负有主要责任的政府有其局限性，需要帮助和支持。其中，关注度最高、影响最大的是气候变化，以及气候变化的影响是如何推动所有利益相关者的行动的。

气候变化。 气候变化直接或间接造成了干旱、热浪、火灾、恶劣天气事件、海平面上升、海洋变暖且酸性增强、动物物种灭绝等非常严重的后果。半个多世纪以来，人们一直在谈论气候变化、大气中二氧化碳含量急剧增加、气候变化的原因以及可能的解决方案。但在过去十年里，气候变化肉眼可见的影响变得急剧化且可测量，人类对未来气候的变化做出相对准确的预测也成为可能。

"2021 年全球气候状况报告"由 230 多位科学家联合撰写，其内容发人深省，甚至令人胆战心惊。报告确认，气候变化是人为造成的，源自化石燃料燃烧和森林砍伐等人为因素，并将继续危害农业、渔业，甚至扰乱人类"正常的"生活方式。联合国秘书长安东尼奥·古特雷斯用更简单（也更可怕）的说法描述了这种情况，称其为"人类的红色警报"。[53]

气候变化的不利影响日益显现，已经或很快就会对许多企业的短期经济健康产生不利影响。这种可能性不仅仅存在于未来。例如，农场和家庭的水电供应现在就已经受到影响。依赖农业的食品公司目前也面临着风险，原因就在于，气温升高、降水模式变化、极端天气事件和供水减少等预料之中的因素都将导致农业生产率下降。

不平等。从大多数指标来看，财富和收入方面的不平等在逐年加剧，这意味着许多人生活在危险边缘，甚至状况更糟。随着食品银行的捉襟见肘和无家可归者人数的增加，许多人无法获得食物和住处这一问题变得更加严重。由于自动化和人工智能威胁着各种工作岗位，从零售店店员到卡车和送货车司机，缺乏就业机会这一问题也变得更为急迫。"黑人的命也重要"这一运动，在一定程度上揭示了基于种族和民族背景的"合法性"不平等待遇，触动了许多人。

健康。一系列普遍存在的健康问题日益受到关注。一个问题是饮食的影响，以及由此产生的超重问题，尤其是年轻人的超重风险。饮食问题包括糖、脂肪、盐和食品添加剂的摄取，这些食品主要是由私营公司提供的。另一个问题是很多人久坐不动，他们用电子游戏取代了积极的锻炼。更普遍的问题是美国的医疗体系费用过高，并且根据多个指标判断，社会主要群体获得的医疗服务不足。

教育。从幼儿园到大学，教育机会都不足，这是越来越多的人所面临的现实问题，也是不平等问题加剧的根本原因之一。美国初高中班级的平均规模是 21 人，但其中继续读大学的不到 13 人，大学学历日益成为数字时代参加工作的一项要求，而美国黑人群体的这一数据仅超过 7 人。[54]很多时候，高中缺乏资源、多样化的课程设置和积极进取的学生。这个问题可以追溯到小学和初中阶段，那些学校没有动力去培养或支持学生上大学。美国的社会流动性较低，排名在 26 个国家之后，部分原因在于，许多人无法获得高质量，甚至无法获得足够的教育。帮助改善教育体系，这是许多企业有效开展社会项目的重要领域。

低收入国家。在低收入国家，这些问题更为严重，那些国家面临贫困和诸如电力、网络及公共安全等必需品不安全或缺乏的困境。在全球

媒体中,经常出现孩子们缺乏食物、清洁水资源和受教育机会的镜头和
画面。这群人几乎没有经济能力,这意味着将社会项目与业务提升相结
合的任务更具挑战性。

政府的局限性。越来越清楚的是,世界各国政府虽然可以提出部分
解决方案,但却无法独自解决这些社会问题。世界上很多地区都存在政
治僵局和决策瘫痪的现象。此外,政府债务水平削弱了其为社会项目提
供资金的能力。最后,政府性社会项目往往试图以"一刀切"的粗暴方
式来解决社会问题,而这些社会问题具有地方性,策略上需要灵活应
对、因地制宜。政府需要帮助。

拥有资源、洞察力和敏捷性的企业的使命担当

自联合利华创始人利弗从 19 世纪 90 年代开始致力于通过改善卫
生状况来让人们保持健康以来,企业所做的大部分社会努力,如上所
述,都是临时性慈善捐赠,以捐赠额作为衡量影响力的标准。在过去的
半个世纪里,一种更专业的方法逐渐出现,用于管理企业内部的社会项
目和外部非营利组织的社会项目。这让人们树立了信心,相信社会项目
是能够得到有效管理的,而且这种能被有效管理的状态实际上是常态。
这也反驳了这样一种观点:这些项目有时由业余人员或志愿者来主导,
从而可能导致结果不佳、效率低下,所以此类项目不应作为优先事项。

与政府机构相比,企业具备一些优势。具体而言,企业拥有以下优势:

- 管理能力。企业具备在战略和战术两个层面进行管理的内在能
  力和经验,这不但能推动其内部社会项目的开展,而且能帮助非

营利组织合作伙伴提升管理水平。

- 在消费者行为、技术、分销、沟通和直接接触客户方面的知识和经验，帮助商业公司深入了解地方层面的社会挑战，发现有助于解决问题的项目，并找到方法去适应和拓展这些项目。

- 敏捷性使企业能够迅速采取行动，并根据趋势、事件和当地情况调整项目。

- 企业本身就会引发一些问题。企业在造成或促成肥胖症、青少年自我形象问题、能源浪费等诸多问题方面负有部分责任，这使得它们有能力对这些问题取得实质性进展。

- 愿意承担风险，去培育看起来很困难但有潜力的方法和项目。企业还可以选择解决那些存在于缺乏政治根基的贫困人群中的社会问题。相比之下，政府机构通常更擅长也更乐于去推广已证明有效的社会问题解决方案，因为这些方案在政治意义上具有重要的社会意义。

经过十年的酝酿，2000 年成立的比尔及梅琳达·盖茨基金会（Bill and Melinda Gates Foundation，简称"盖茨基金会"）为专业性地满足社会需求和解决社会问题提供了一个有影响力的榜样和证明。

1997 年，比尔·盖茨和夫人梅琳达在朋友的敦促下读到一篇介绍全球儿童死亡人数的文章，致死原因是腹泻和肺炎等疾病，这些疾病在富裕的国家很容易治疗。这引发了他们创建基金会来帮助那些最贫困的人们过上更健康、更有价值的生活的激情。起初，他们的基金会投资了 160 亿美元购买微软股票。早年间，他们扩大了基金会的目标范围，将加强美国公共教育体系这一促进平等的推动力纳入其中。几年后，又增加了气候变化和性别平等的目标。

盖茨基金会展示了私营企业和非营利实体如何独自或者与政府合作实现宏伟目标。我们观察到，他们的方法和成果在三个方面对社会项目的开发和运行方式产生了影响。

第一，他们的方法采用了基本良好的管理原则，包括正确配备人员、编制预算和设定可衡量的进度目标。先是通过专家解读和实地研究真正弄懂问题的本质，然后是大量的"倾听和学习"。

还包括对现有方法的详尽审查。现有的方法都有哪些？有哪些障碍（比如，每天服用一粒药丸来避免艾滋病毒是否让供应体系和服用者难以承受）？障碍是什么，如何克服？有哪些可用的选项？

如果现有的方法还不够用，基金会已做好准备去修改现有方法，或投资研究来提出新的方法。事实上，该基金会强调，其作用是测试有前途的创新，收集和分析数据，让企业和政府维持有效的方法并推广有效方法的使用范围。

例如，2011 年，盖茨基金会发起了一项名为"厕所创新创意挑战赛"的持续活动，旨在发明一种新型厕所，能够除去有害病原体，回收能源、清洁水和营养成分，全程不需要连接水源和下水道，并且每次使用成本低于 0.05 美元。10 年后，已经有超过 25 个突破性的新型厕所的原型供公共卫生服务公司投入商用，其中几个正在接受市场测试。

第二，盖茨基金会彰显了协作的力量，其所有工作几乎都是与其他合作伙伴，包括企业、社区、国家和其他非营利组织协作开展的。2020 年，盖茨基金会便拥有 1 300 多个合伙伙伴。想要解决社会问题的企业不必单打独斗，它们可以加入盖茨基金会这个合作伙伴的大家庭。

其中一些联盟是全球性的。盖茨基金会是全球疫苗免疫联盟（GAVI）的创始单位和主要资助者之一，该联盟将联合国机构、疫苗生产商、援助机构和主要基金会联合起来，为贫困国家的儿童接种疫苗，推动了在贫困国家儿童接种疫苗的工作。同样，盖茨基金会在 2002 年协助创建了抗击艾滋病、结核病和疟疾全球基金（以下简称"全球基金"），这三种疾病在贫困国家呈失控状态。

其他合作伙伴都是独立的非营利组织。"男儿当自强"（BAM）项目帮助犯罪及帮派活动猖獗地区的年轻男性探索自己的情感，磨炼决策能力，每周安排两次小组课程，持续一年之久。盖茨基金会逐渐认识到，要改进美国贫困社区的教育，就必须解决一些诱发犯罪的社会/文化因素，而 BAM 就能做到这一点，参加过 BAM 项目的孩子触犯法律的可能性降低了一半。

第三，基金会证明，承接复杂的大型项目并取得成功是可能的，而且往往有定量证据。自 2000 年以来，GAVI 已经为超过 7.6 亿名儿童提供了基础疫苗，避免了 1 300 万例儿童死亡，降低了疫苗价格，最高降幅达到 75%。自 2002 年以来，全球基金及其合作伙伴为 150 多个国家提供了蚊帐、艾滋病治疗、结核病检测以及其他救生方案。全球基金已投入 450 多亿美元，挽救了多达 3 800 万人的生命，并为数亿人提供了护理、治疗和预防服务。他们显然愿意追求"全垒打"，迎难而上。

企业品牌需要社会项目来为之赋能并提升形象

品牌需要活力来获得人们的关注度，让人认为它是成功品牌，是创新领导品牌。品牌还需要改善或提升自身形象，这通常是品牌与员工、客户和其他利益相关者之间保持联系的重要环节。

在这个信息过载、媒体混乱、普遍同质化的世界，创造活力和提升形象并非易事。对大多数品牌来说如此，对那些提供"理所当然"的功能性好处的品牌来说尤其如此。这些品牌可能广为人知，甚至深受欢迎，但鲜有人提及。于是，客户关系显得薄弱，很容易受到"新面孔"品牌的冲击。

标志性社会品牌，即通过独特的社会项目解决引发人们共鸣的实际社会需求的品牌，可以成为创造那种难以捉摸的活力并提升企业形象的载体。回想一下，有一些村庄接受了"守卫宝宝健康成长到 5 岁"的项目。卫宝把村庄里孩子们的母亲的反应拍成三个视频，获得了 4 500 万人次的观看。这只是一款肥皂带来的成果。多芬"真美"行动和"多芬自尊"获得的点击量甚至更高。在这两个案例中，品牌都通过标志性社会项目获得了活力、灵感，并让人感受到品牌与关键利益相关者共享价值观。

第 8 章详细阐述了标志性社会项目如何提升企业的品牌影响力，解释了企业具有追求社会项目领导地位的动力的原因所在。

以史为鉴

根据历史学家爱德华·奥唐纳（Edward O'Donnell）的观察，重大的历史变革几乎总是有多种起因，它既离不开杰出领导者的推动，又离不开大众群体的意愿，还涉及需要艰难应对适应性挑战的机构和个人，并由危机局势引发。在从股东模式转向利益相关者模式的过程中，这四个因素同时存在，企业现在需要应对并有能力应对社会面临的严峻挑战，这无疑是一个重大的历史性变化。[55]

下面进入本书第二部分，通过介绍相关背景，来关注本书定义的使命导向型品牌的三大战略要点。

激励人心、具有影响力和生命力的标志性社会项目

目前，大多数企业都希望能够采取强大而有效的措施来满足社会需求和解决社会问题，但很少有企业能够充分发挥其潜力。本部分介绍的是，实现社会项目领导者地位所需的三大战略要点中的第一点：创建激励人心、具有影响力和生命力的标志性社会项目（用标志性社会项目应对社会挑战）。

第 5 章解释了为什么创建宗旨/使命和文化是使社会项目在组织内部得到开发和支持的必要步骤。第 6 章定义了标志性社会项目，比较了创建内部项目以及与外部非营利组织联合开展社会项目的经验，并讨论了管理即将出现的品牌家族所面临的挑战。第 7 章阐述了如何寻找或创建能够带来改变并代表企业社会努力的标志性社会项目。第三、四部分将分别介绍另外两大战略要点，即将标志性社会项目融入企业战略和打造激励人心、值得信赖的标志性社会品牌。

THE FUTURE OF PURPOSE-DRIVEN BRANDING

第 5 章
赋能并激发标志性社会项目的使命和文化

> 激情就是能量。感受专注于让你兴奋的事情所带来的力量。
>
> ——奥普拉·温弗瑞（Oprah Winfrey）

"铂慧影响"公益倡议：一个演化

长期以来，与我有关联的全球品牌增长和转型咨询公司铂慧（Prophet）一直积极关注社会问题并参与社会项目。在过去十多年里，铂慧的标志性社会项目是铂慧非营利倡议（Prophet for Nonprofits，P4NP）。根据该项目，铂慧各个咨询团队每年都会有一天专注于解决非营利组织所面临的问题。评估发现，如果这个项目不仅限于一天，并且不仅关注本地慈善机构，它将产生更大的影响力。同样清楚的是，社会责任的范围也需要扩大。

因此，铂慧在2021年加大了社会努力，并冠之以名为"铂慧影响"（Prophet Impact）的公益品牌。P4NP日变成了铂慧影响日，这一天可以用于社会活动，也可以用于帮助非营利组织。另外，铂慧还设立了志愿者休假日（VTO），每位员工每年都会获得一天志愿者假期，让他们可以投身于自己所重视的社会工作中。后来铂慧还推出了铂慧拍卖，从巧克力蛋糕到度假屋，各种物品都可以拿来拍卖，以用于资助坦桑尼亚学校的女生等慈善事业。

"铂慧影响"还有更多项目。铂慧公益（Prophet Pro Bono）项目帮铂慧员工与他们所推荐的非营利组织建立咨询合作关系，员工即便未必与该非营利组织建立了联系，但他们相信非营利组织的使命。铂慧开发了一套工具包，用于向员工展示如何选择和接触这样的非营利组织，以及展示铂慧可以提供何种类型的服务。此外，铂慧对自身的运营进行了环保审查，进而设定了节能目标并推出了相应的方案。

除了"铂慧影响"，铂慧还增设了首席多元化官一职来领导多样性、公平性和包容性方面的工作。铂慧制定了招聘目标、敏感性倡议，推动了"女性领导力"项目，并组织了市政厅会议，以讨论多元化等当代社会问题。此外，铂慧还鼓励并帮助客户在解决社会挑战方面更积极地发挥影响力。所有这些努力，使得解决社会问题更牢固地植入公司的文化基因。

驱动这个战略要点的是新的企业使命："释放人、企业和品牌的力量，推动社会进步。"这个使命是令人振奋的，回答了"为什么"的问题。为什么选择这家企业？为什么我应该来工作？为什么我应该钦佩我们的所作所为？"释放力量"代表着活力；重要的是，"推动社会进步"则为企业付出社会努力以及将这种努力纳入企业战略和企业文化之中提供了一个总纲。

企业在解决和影响社会问题、社会议题方面取得进展需要企业内部形成共同信念，即相信这种社会努力会得到支持和鼓励。这种信念不是附属之物，而是企业战略和企业文化的一部分。

这种共同信念不仅应该得到诸如联合利华、赛富时等榜样的支持，还应该得到最后一章所述的逻辑的支持。气候变化、不平等、健康与教育机会等问题和议题是显而易见且迫在眉睫的。企业将运用其知识、资源、技能和敏捷性，回应利益相关者，特别是员工的需求和要求。企业可以产生影响，带来改变。

这种信念不应该只是理性的论证，支持这种信念的应该是同理心和热情，那是在面对处境困难的个体、面临环境压力不断加剧的地球，以及在职业生涯中有时不顾一切地追求意义的人们和组织的时候，所表现出的同理心和热情。无论是管理者还是一线员工，仅仅为了获得薪水和为股东创造财富而工作，并不那么鼓舞人心，甚至无法令人满意。在社会领域取得卓越成就需要头脑和情感的共同支持。

有许多途径可以让人们认同影响社会的项目应该成为企业基因的一部分这种共同信念。信念、价值观和目标是有用的工具，但有两点特别重要。第一，要创建一个具有激励性和指导性的宗旨或使命，它是引领一切的矛头；第二，要发展一种支持甚至歌颂社会项目的文化，它是矛身。

创建培育社会项目的组织使命和组织文化

回顾第 1 章，企业的宗旨或使命应该是关于企业本质的高层次信息，它应该是激励人心、真实可信的，能指导决策和倡议，并具有追求的意义和价值。在大多数情况下，宗旨或使命的主要作用是向利益相关者传达，或更可能的是提醒他们企业业务的核心之所在。它应该凸显出企业异于其他企业的特点和激励人心之处。对于铂慧来说，"释放力量"和"推动社会进步"成了如何在人们心中，尤其是在员工和合作伙伴组织的心中塑造铂慧形象的一部分。

再回顾一下，本文之所以互换使用"宗旨"和"使命"这两个术语，是因为一些企业已经承诺其中之一，强行区分这两者可能会分散注意力，而且尽管它们的出发点不同，但最终都能得出一个核心陈述。

宗旨或使命通常用简洁、清晰和易记的句子来表述，但表述也可以更长或更详细，也可以有许多不同的形式。例如，它可能强调以下问题：

- "为什么？"——企业为什么存在？
- "做什么？"——企业做什么或什么做得好？
- "目标是什么？"——企业的未来愿景是什么？
- "社会需要有哪些？"——企业对解决社会挑战做出了什么承诺？重点放在哪里？

激励人心是宗旨或使命的一项特别重要的作用，它能激发以下情感："我钦佩这家企业，我为自己与之相关而感到自豪，我们的价值观一致，它让我的工作有意义。""我懂得我的企业为什么存在，明白自己为什么去工作。"宗旨或使命能很好地激励人心，因为它最能彰显某些东西，而不是泛泛的宣传简报。激励意味着超越"你做什么"来激发"你为什么而做"的动力，这并不容易做到。

第 1 章概述的"使命导向型品牌的未来"的观点，是指宗旨或使命作为一个地位很高的旗帜性载体，应该允许或鼓励企业通过蓬勃发展的社会项目来解决各种社会问题和议题。对于使命导向型品牌而言，仅仅创造出非常出色的产品是不够的，它的关注点应该不只是企业增长和盈利。将社会维度纳入企业宗旨/使命，可以通过以下四种方式来实现：

- 业务战略以社会宗旨/使命为基础。
- 提出支持社会项目的单一宗旨/使命。
- 将社会宗旨/使命作为企业宗旨/使命之一加以陈述。
- 企业社会宗旨/使命与业务宗旨/使命并列。

业务战略以社会宗旨/使命为基础

第 1 章指出，当一家企业的战略和品牌定位基于提供"绿色"或"健康"的产品，或者解决其他社会问题时，它的宗旨和使命将包含社会因素，并将其作为其商业宗旨或使命的主要推动力。以下企业的宗旨或使命就能很好地反映这一观点。

- 特斯拉："加速世界向可持续能源的转变。"
- 巴塔哥尼亚："用我们的声音、我们的业务和我们的社区来拯救我们的地球家园。"

- 第七代："我们的使命是将世界转变为未来七代人享有健康、可持续和公平的地方。"

提出支持社会项目的单一宗旨/使命

许多宗旨或使命陈述确实能够支持社会项目，并作为对企业的激励指南。这有时可能很困难，需要深入了解要解决的社会问题类型以及企业可以利用的资源。请思考以下宗旨/使命：

- 铂慧："释放人、企业和品牌的力量，推动社会进步。"
- 强生："我们融合心灵、科学和创造力，改变人类健康的轨迹。"
- 星巴克："激发并孕育人文精神——每人、每杯、每个社区。"
- 绘儿乐："帮助父母和教师培养富有灵感和创造力的孩子。"
- 高盛："推动全球可持续的经济增长和金融机会。"

这些宗旨或使命都具有激励性，不仅能够指导战略举措，支持社会项目，还能够给出哪种社会项目合适且有影响力的建议。通过支持性的宗旨或使命，企业内部可以有理由接受和推动新的社会项目，讨论的重点会从"为什么"转向"这是否会奏效"。

将社会宗旨/使命作为企业宗旨/使命之一加以陈述

当企业宗旨或使命无法延伸至社会需求时，还有一种替代方案：创建一个独立的社会宗旨或使命。在这种情况下，一个企业品牌将会扮演两个或多个角色，其中一个或多个反映其业务，一个或多个反映其社会努力。当出现这种情况时，一个品牌几乎总会有多个宗旨或使命陈述。有许多企业已经采取了这样的做法，这种做法有不同的变体，其中一些在第 1 章中已经介绍过。

比如，本杰瑞有三个使命陈述，一个代表业务，一个代表社会努力，第三个则兼顾二者。

- 产品使命："我们致力于创造出美味的冰激凌。"
- 经济使命："我们管理公司以实现可持续的经济增长。"
- 社会使命："我们不得不以创新的方式利用我们的公司，使世界变得更美好。"使用"不得不"这个词为公司提出一些不寻常、显得古怪的倡议提供了统一的解释。

卡特彼勒制定了四项指导战略和决策的使命：提供最佳客户价值、培养和奖励员工、实现企业成长，以及鼓励社会责任。第四个使命反映了企业致力于"维持地球健康，改善人类生活，公司鼓励承担社会责任。"

百事可乐为每个利益相关者群体详细阐述了其使命，从而创建了五个使命陈述，其中最后两个支持社会项目。核心使命"通过每一口饮料和每一口食物创造更多笑容"富有幻想色彩，并依赖于笑容的隐喻。从每个利益相关者群体的角度解释这一使命，可以得到以下五个使命陈述：

- "为我们的消费者——通过我们美味而有营养的产品和独特的品牌体验，创造愉快的时刻。"
- "为我们的客户（零售商）——成为最佳合作伙伴，推动改变游戏规则的创新，并提供在我们行业中无与伦比的增长水平。"
- "为我们的股东——提供可持续的一流股东回报和一流的企业治理。"
- "为我们的员工和社区——创造有意义的工作机会，帮助员工获得新技能和成功的职业生涯，营造一个多元化且包容的工作环境。"

- "为我们的地球——保护大自然的宝贵资源，为我们的子孙后代创造一个更可持续的星球。"

企业社会宗旨/使命与业务宗旨/使命并列

另一种方法是利用企业品牌来呈现与社会项目相关的宗旨或使命。业务部门可以灵活选择是否包含社会方面的维度。

联合利华。回想一下，联合利华的使命是"旨在打造推动社会向好的高性能品牌，让可持续生活成为常态，为打造一个更加可持续且公平的世界而行动起来"。它强调了可持续生活、推动社会向好以及"更加可持续且公平的世界"。因此，联合利华的 100 多个业务单元可以依靠企业使命为参与积极的社会项目提供支持。如果方便的话，企业宗旨或使命可以聚焦于业务。

维珍集团。维珍品牌始于 1970 年创办的维珍唱片公司，现在涵盖了 40 项主要业务，这些业务都受到其宗旨"用业务推动社会进步"的影响，都获得了自行制定宗旨或使命的许可。例如，维珍大西洋航空公司的使命是"打造一家盈利的航空公司，让人们热爱飞行、热爱工作"。

企业的宗旨或使命可以由企业基金会来承载，就像赛富时那样。

赛富时。赛富时有一个基金会品牌，它有一个业务使命陈述："使公司能够以一种全新的方式与客户建立联系。"赛富时基金会的使命基于公司的信念，即"技术推动社会变革"。这两个使命陈述都用于激发并宣传公司如何利用资源和战略，以及指导创新型新项目。但是，这两个使命陈述及其支持的战略和项目所传递的信息只关乎赛富时的品牌和文化。两个使命没有高下之分，基金会的员工和业务组织密切联系、相互合作。

创建真正引人注目、能够激发自豪感、同理心、为企业带来活力和方向的宗旨或使命是困难的，需要运用才能和耐心去深入了解公司、公司的战略及背景，以找到正确的思路和措辞。这可能需要时间，可能需要召开富有成效的研讨会。很少有宗旨或使命陈述的提出能够一举成功，太多的陈述显得平淡无奇、轻描淡写、平铺直叙、缺乏激励或陈腐不堪。好消息是，这方面是值得我们一再尝试的，因为正确的宗旨和使命确实可以产生巨大的影响。

宗旨的力量是强大的。艾伦·乔普在 2019 年担任联合利华 CEO 后不久，就对公司的"可持续生活品牌"发表了评论，认为这些品牌传达了强烈的社会目标。他指出："我们相信，有清晰且有力的证据表明，具有宗旨的品牌会成长。宗旨为品牌创造相关性，推动品牌口碑传播，增强品牌渗透力，并降低品牌产品的价格弹性。"[56]

企业宗旨/使命和社会宗旨/使命：权衡

无论是否是在单独的宗旨/使命下运作，企业宗旨/使命和社会宗旨/使命之间都会存在权衡的问题，二者都不能假设自己是独立存在的。如果存在冲突和权衡，在处理时需要考虑的是业务项目和社会项目的长期健康。可能出现这样的情况：一项行动单独从业务项目或社会项目的角度来看不够理想，但从长远来看可能是明智的选择。社会宗旨/使命应该在正确的时间提出正确的问题，但不应该加以主导或施以限制。

适应文化

组织文化将宗旨/使命和战略付诸实践。对于履行宗旨/使命的组织来说，关键是让标志性社会项目在其组织文化中找到一个角色。组织文化代表着组织的信念、优先事项、行为和运营风格，决定着组织及其员工如何看待、决定、感受和处理摆在他们面前的问题和选择。组织文化反映了"这就是我们这里的做事方式"或"这就是我们"。

众多研究证明，广为接受和社会强制执行的强大文化对于组织的成功来说非常重要。组织文化可以做到以下几点：激励员工，增加他们加入和留任的可能性；增强企业对所有利益相关者的吸引力；传播企业宗旨或使命。如果一个项目得到组织文化的支持，它将获得有利的条件。20世纪的管理大师彼得·德鲁克曾经说过："文化能把战略当早餐吃掉。"他的意思是，拥有正确的文化意味着战略将得到发展，并将得到积极实施。

组织文化的某些元素明确体现在政策中。如果铂慧的员工需要决定是否休假一天去帮助一个陷入困境的非营利组织，或者决定是否组建团队来为一个非营利组织提供咨询服务，那么每个决定都有相应的政策，遵照执行就好。这是已经定下来的事。然而，组织文化的大部分内容并没有在任何政策声明中体现出来，甚至有些内容都没有明确表达出来。对于什么是正确的决策、活动或行为，不是根据书面的政策和规则来判断的，而是依据公司内部一种众所周知的共同直觉。要的就是这种感觉，感觉其他人也会支持，因为已经有一系列的决策、活动和行为是以前发生过的，这些足以作为背景提供支持。

接受强有力的社会努力，这应该成为组织文化的一部分，正如组织的宗旨或使命、价值观、决策和行为所表明的那样。一项研究观察了230家企业的组织文化，并得出结论，大多数组织文化由以下八种风格中的一种或多种组成：结果型（目标、执行）、创新型（开放、学习）、快乐型（愉快、幽默感）、大胆型（果断、冒险）、准备型（谨慎、安全）、高效型（尊重、有序）、关怀型（团队合作、信任、归属感）和目标型（可持续发展、社会责任）。[57]重要的是，关怀型和目标型风格应该是组织文化的重要组成部分。

组织如何创造或支持一种有利于社会努力的文化呢？这里提三条建议。

第一，需要获得 CEO 的支持。高层管理人员尤其是 CEO，必须发出信号，表明社会努力是企业的基因、灵魂、宗旨或使命的一部分。标志性社会项目应该承载这面旗帜：社会努力是他们要完成的一项任务。标志性社会项目代表企业的真实性、可信度、独特性和影响力。CEO 和团队应该定期讨论标志性社会项目，将其纳入企业的战略，并对其改进和成功予以认可。应该明确，标志性社会项目属于企业优先事项且能获得企业资源的支持。

第二，需要获得员工和其他利益相关者的支持。他们需要认同社会需求的重要性以及社会项目的影响力。如果项目不为人所知或者让人觉得"陌生"，就得不到支持，甚至可能引起怀疑，让人们认为这种努力不重要。特别要做到以下几点：

- 通过企业所有的员工沟通渠道，包括网站、员工大会、播客和规划会议等，传播标志性社会项目的信息。强调它们的独特且令人印象深刻之处，介绍新推出的标志性社会项目和成功案例，给标志性社会项目的倡导者一个发声的机会，指派一位高管来推广支柱性的标志性社会项目品牌。
- 找到并传播令人难忘的标志性故事。铂慧有一个"铂慧影响日"的故事库。其中一个故事是关于帮助一个负责推广 STEM 学习的组织的。铂慧在推进品牌战略的同时，制定了传播故事的措辞

和社交媒体战略。这个故事传播出去后，让人一目了然、过目不
忘。第 13 章对此有详细介绍。

- 在组织中创建或提拔一个高管职位，比如首席社会影响官，以表
  明社会项目是组织基因的一部分。

第三，参与和激情。组织文化需要在整个组织中贯彻落实，但也需
要一批员工作为核心基础，这些员工应当不只是简单地支持社会项目，
更是对项目充满热情并积极参与其中。企业的任务是要鼓励员工积极
参与社会项目。企业应当确定社会项目的领导者和倡导者，他们将推动
项目不但取得成功，而且得到认可和重视。所有社会努力都应该为人所
知，但标志性社会项目应该是重点。以下是一些基本原则：

- 通过有员工团队甚至客户参与的集中志愿活动来提高参与度。
- 围绕焦点性的社会需求创建社区。例如，铂慧有专注于女性管理
  者、多元化现实与挑战的团队和员工大会。
- 对于外部的标志性社会项目，通过开展年度非营利性筹款活动
  来提高关注度和参与度。

创建和培养组织文化是品牌建设的任务，本书第四部分中提到的
许多概念和工具都可以派上用场。

下一章将转向本书的核心概念，即标志性社会项目和品牌。

THE FUTURE OF PURPOSE-DRIVEN BRANDING

第 6 章
标志性社会项目

俘获你的大脑的品牌将关注你的行动，俘获你的内心的品牌将得到你的忠诚。

——斯科特·塔尔戈（Scott Talgo），品牌战略专家

高盛集团：激励人心、具有影响力和适应性的社会项目

"巾帼圆梦"项目。2008 年，高盛公司发起了"巾帼圆梦"（10 000
Women）万名女性创业助学项目，长期致力于支持全球发展中国家的女
性企业家。10 000 这个数字凸显了高盛助力万名女企业家的目标。这
一活动受到高盛及其他公司女性员工持续呼吁的推动，得到公司推动
"包容性增长"社会目标的支持，也受到高盛与世界银行合作开展的一
项研究的影响。该研究表明，在发展中国家，中小型企业的女性管理者
有 1.5 万亿美元的融资缺口，而弥补这一缺口将使得这些国家的人均收
入增加 12%，并创造更多所需的就业机会。

这一项目的核心理念是创建企业管理方面的证书和教育计划，项
目课程涉及领域包括：营销、会计、市场研究、撰写商业计划书、战略
规划、融资和电子商务。在世界领先的商学院教授和高盛导师的指导和
参与下，这些项目为女性提供了实用商业技能的学习机会，更重要的
是，让她们获得了自信和信誉。世界各地的大学都开设了这些课程。新
冠疫情期间，这些课程转至线上，选课人数随之增加。

2014 年，高盛联合世界银行集团旗下的国际金融公司（IFC），创建
了"女性企业家机会融资工具"（WEOF）。在当地银行的帮助下，为新
兴市场中"巾帼圆梦"项目的企业家提供融资渠道和专业知识。其目标
是向女性提供资金并展示投资女性的商业可行性。在前 5 年，该机构共
向女性提供了 50 000 多笔贷款，平均每笔贷款金额为 25 000 美元。

在校生和毕业生都可以加入校友网络社区，提供和获得有用的信息和建议。他们可以相互交流如何出口、打造品牌或拓展电商业务等问题，还可以彼此建立商业往来，事实上，超过 80% 的人就是这样做的。社区还提供宝贵的社会支持，女性不再是孤立无援的。"巾帼圆梦"女性成长奖为选出的女性校友提供了一个为期三天的集中活动项目，内容包括辅导课程、合作培训、高盛指导和建立社交关系网等。

"巾帼圆梦"项目的确实现了到 2021 年影响 10 000 名女性企业家的目标，后来这个目标翻了一番。平均每名毕业生指导 9 人，因此项目的影响远远超过这 10 000 名企业家。该项目平台还为另外两个项目奠定了基础。

"万家小企业"项目。2009 年，美国遭遇了金融风暴，小企业受到的冲击尤为严重。为此，高盛推出了"万家小企业"项目，由大专院校提供一系列关于企业经营和发展的课程，持续更新在线系列讲座，由高盛员工提供指导，由美国社区发展金融机构（CDFI）提供融资渠道，并组建了"小企业资源中心"。该中心经常更新针对小企业如何扩大销售、解决问题和获得政府项目等问题的建议。"万家小企业"项目已大为扩展，2020 年，甚至启动了"万家小企业之声"项目，该项目提供必要的工具和培训，帮助"万家小企业"项目的毕业生倡议政策调整，从而助力小企业毕业生社区打入市场。[⊖]

⊖　高盛"2020 年致股东函"的原文是：2020 年，我们启动"万家小企业之声"项目，帮助"万家小企业"项目的毕业生倡议政策调整，从而助力他们的企业、员工和社区。我们为"万家小企业之声"项目所在的社区提供必要的工具、资源和培训，让他们的声音被听见并能直接影响重要议题的决策。

"万家小企业"项目获得了支持。该项目在创立 11 年后的 2020 年，向 17 000 家企业（远超目标）提供了贷款，平均每笔贷款超过 50 000 美元。该项目的影响力也得到了充分的体现，50% 以上的参与者曾经是或已成为社区领袖，75% 的参与者指导过他人。

"百万黑人女性"项目。高盛的研究显示，黑人女性的时薪比白人女性低 15%，比白人男性低 35%。此外，单身黑人女性中，自己开办企业的只占 0.5%，这一比例是单身白人男性的 1/24。于是，2021 年，高盛在美国启动了"百万黑人女性"项目，承诺在未来十年内提供 100 亿美元的资金支持和 1 亿美元的配套项目，以减少种族贫富差距背后的障碍。该项目针对的是黑人女性的财务健康、接触数字资源的机会、住房、就业、医疗保健、教育以及获得资本的途径。该项目若取得成功，不仅意味着百万名黑人女性以及她们所接触的人和组织将过得更好，还将使美国国民生产总值增加 3 500 亿～4 500 亿美元，并为美国新增多达 170 万个工作岗位。

这三个标志性社会项目得到了高盛在资本市场的专业知识和力量的支持，符合公司推动包容性增长的使命，为那些在后面的人提供了迎头赶上的机会（第二个社会使命关注的是气候变化）。每个项目都解决了一个关注度激增的重大社会问题，并且目标和范围都很大胆。请注意以下几点：第一个项目的战略是如何适应其他两个项目的；合作伙伴尤其是高校和金融实体，是如何促成这些项目的；以及这些项目是如何随着时间的推移而发展的。这些项目极大地弘扬了高盛的包容性主旨，更重要的是，它们展示了高盛是如何利用组织文化和风格来解决社会问题的。

什么是标志性社会项目

标志性社会项目有两个需要体现其标志性地位的任务。"任务 1"是通过提供指导和激励，在社会面临的具有挑战性的问题上产生有意义、令人信服的影响。标志性地位意味着社会项目具有意义和可见性，目标明确且资源充足，得到长期承诺的支持，并且具有真正的影响力。

"任务 2"是通过创造活力，提升形象，与员工及其他利益相关者建立联系来提升伙伴企业的实力。"任务 2"是所有标志性社会项目和业务战略整合，从而形成团队合力的关键。

如果没有标志性社会项目，企业的社会努力通常会涉及对志愿者工时、捐款的支出，可能还涉及对能源使用目标等方面的描述，看起来像零散的临时性的努力，与其他企业没什么不同。人们很难了解企业的社会努力到底解决了哪些社会问题，产生了什么影响，也很难理解相对于企业规模而言，它是否代表了企业的重大承诺。太常见的结果是，企业付出的社会努力缺乏活力，让人感觉不到社会问题的紧迫性，不觉得社会努力有实际效果，也让人没法产生自豪感和亲近感，只是一些零散的、容易忘记的事实而已。

标志性社会项目及与其相关的社会品牌将具备一种打破信息过载、媒体混乱以及"雷同和浮夸"现象的独特能力。通过这种能力，标志性社会项目可以提供一种"证据"，用于证明企业致力于影响社会的承诺。因此，标志性社会项目可以体现企业付出的社会努力，并增加社会努力的可信度。

究竟什么是标志性社会项目？确切地讲，有以下几点，如图 6-1 所示。

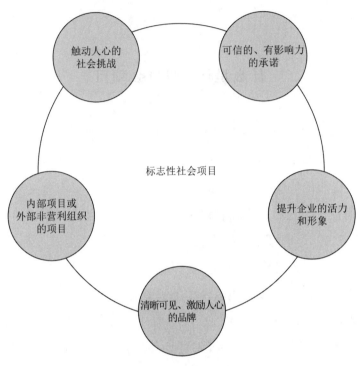

图 6-1　标志性社会项目

- 标志性社会项目要解决的是触动人心的社会挑战。项目本身应当是真实的，而且能让人在心理上感觉到真实。标志性社会项目致力于让世界变得更美好，而不仅仅是努力达到法律或道德的标准。标志性社会项目是鲜活的、接地气的。比如，"守卫宝宝健康成长到 5 岁"项目可能就是基于清洁水资源难以获取会造成何种影响这个主题的一系列具体故事，或者是基于每年有 200 万名 5 岁以下儿童死亡的事实。而"承诺 1%"等项目的基础则在于对全球变暖和不平等这些重大社会挑战的艰巨性，以及采取广泛的行动加以应对的重要性有着清晰的认识。

- 标志性社会项目是可信的、有影响力的承诺。可信度部分来自项目所做的工作。项目是否具有表面效度？项目的概念是否合乎逻辑且具有可行性？是否有使项目贡献显得独特且有趣的创新点？是否证明了其能力和影响力？是否有资源支持？是否有坚定的伙伴组织？是否已经运作了很长一段时间？是否通过投资展现了组织的承诺？是否已经或渴望获得领导地位？

- 标志性社会项目将提升企业的活力和形象。项目所引发的人们的兴趣和尊重将使项目赞助企业的品牌受益。标志性社会项目可以证明，企业不仅仅关注销售增长和利润，承担应对社会挑战的责任帮助企业赢得尊重甚至激励人心，还可以为企业增添活力和关注度。三个"守卫宝宝健康成长到 5 岁"的视频获得了 4 500 万次的观看，大大提升了卫宝的品牌形象。第 8 章有详细阐述。

- 标志性社会项目拥有清晰可见、激励人心的品牌，该品牌将指导项目、激励员工，并引领双重传播任务。第一，面向员工、客户以及其他促成项目成功的人员和组织传播。第二，面向项目赞助企业及其员工和利益相关者传播。在这两种情况下，品牌都可以通过提供可信度来助力传播，以便更好地处理新信息。品牌需要找到并利用社会需求或社会项目本身的突出元素，吸引人们的兴趣并引发对话。企业必须有让人们了解该品牌并与之建立联系的理由。本书第三部分提供了打造标志性社会项目品牌的路线图。

- 标志性社会项目可以是内部项目（如卫宝推出的"H 代表洗手"项目），也可以是外部非营利组织（如"无国界医生"组织）的项目，这反映了企业对长期合作伙伴的承诺。

企业内外的社会性项目

我们可以区分两种类型的标志性社会项目：内部项目和外部项目，它们通常是寻找和选择影响、激励和帮助企业的可靠项目时的主要选择。两种项目各有其优势和劣势。

内部项目

一种选择是企业自行创建、支持并管理标志性社会项目和品牌。正如卫宝的"守卫宝宝健康成长到 5 岁"、多芬的"多芬自尊"项目、赛富时的"非营利云"和高盛的社会项目，这些由企业"完全拥有"的内部项目具有很多好处。这些项目能够不断发展，影响力越来越大。通过控制投入项目的资源和项目运营，企业降低了无法利用增长机会或出现失误的风险。创造的自豪感和传承可以激励员工和利益相关者。最后，明确的所有权也可以使赞助项目的企业从中获益。

创建内部项目并不容易。虽然社会需求和社会问题众多，但找到一个或多个足够重要且适合公司或业务的社会需求和社会问题可能有些困难。一个仅触及小部分目标受众、不可扩展或仅关乎小部分业务的社会项目并没有太大的价值。此外，还有一些问题需要解决。是否已经有人抢先有了这个想法？我们公司能否落实该项目？有可用的资源吗？能否树立项目品牌？项目成果是否值得我们付出努力和成本？能否与业务相匹配？能否长期投入成本？这些不确定性可能导致很难识别和实施真正影响利益相关者并与之产生关联的内部项目。

　　更困难的是，社会项目鲜有一开始就完全成熟的，我们需要时间来
发挥项目的潜力，在这个过程中，我们要不断学习和适应。这意味着在
弄清楚一个项目如何发展（有些可能还处于酝酿阶段）的过程中需要进
行大量的预测，并在此过程中解决一些被认为具有局限性或被认为是
负担的问题。做出承诺的决定是有风险的。

外部项目

　　另一种选择是找到一个已经建立了品牌、目标或使命，且经过考核后
符合业务需求的外部社会项目，然后将这一外部社会项目作为赞助企业的
标志性社会项目。通常情况下，这个外部项目是一个与非营利组织合作的
项目。一个经过验证的、拥有强大品牌和明确关联性的项目意味着大部分
任务已经完成，结果令人失望的风险也降低了。接下来的挑战是，通过打
造独特的赞助角色，并使企业与项目的关联变得清晰可见且令人难忘，将
品牌与企业业务联系起来，这通常比创建新的项目和品牌更容易。

　　例如，家得宝通过与"仁人家园"建立伙伴关系，推出了自己的项目
"退伍军人之家"（Homes for Veterans）。"仁人家园"是一个历经考验、备
受青睐的品牌。家得宝的任务是成为具有长远眼光的积极伙伴，能提供组
织资源（如员工志愿者、建筑专业知识和建筑材料等）并激发人们共同建
造房屋的热情。关键是要成为积极的伙伴，而不是被动地提供资金。

伞型品牌

　　我们一直在讨论寻找、创建或与伙伴合作创建有品牌的标志性社

会项目，这些社会项目可以是内部的，也可以是外部的。每个项目都可
以强力发声，但我们也需要有"伞型品牌"或"伞型项目"，它们可以
涵盖多个标志性社会项目。如果伞型品牌可以让赞助企业获得自豪感、
具备可信度，伞型品牌就具有标志性地位。伞型品牌分为两种：一种为
无品牌项目发声，另一种代表多个标志性社会项目。

为无品牌社会项目发声

许多社会项目是没有品牌的，或者只有弱描述性的品牌。例如，员
工志愿活动、给非营利组织的分散拨款、为减少碳排放或能源使用而实
施的运营变革、员工政策等，这些通常不会在一个强大的品牌下运作。
那么这些社会努力如何获得认可呢？

一种途径是创建一个涵盖无品牌社会项目的伞型品牌，其范围可
大可小。赛富时将"公民慈善家"作为伞型品牌，其中便包括员工志愿
者的工作，而高盛于 1997 年创建了社区义工服务计划（Community Team
Works），作用也大抵相同。挑战在于，向一组可能非常分散的行动传达
社会需求和相关的社会项目。这些行动的故事虽然不同，但都可以支持
伞型品牌去传播品牌追求的活动类型及其产生的影响。

代表多个标志性社会项目的伞型品牌

除了无品牌社会项目，还有很多标志性社会项目存在，这通常会产
生更重要的问题。在这种情况下，企业需要处理多个品牌，这会引发一
些困难和挑战，而伞型品牌可以对这一问题加以解决，因此伞型品牌在
某些情况下可以获得标志性地位。

　　拿赛富时来说，它需要向员工和其他利益相关者传播其解决社会问题的承诺。它创建了许多标志性社会项目，这些项目本身就代表着不完整且混乱的信息。因此，协同效应和建设性成果并不明显。解决方案是让赛富时不仅担任起商业品牌的角色，还要承担起伞型社会品牌的角色。

　　因此，企业品牌承担着两种角色：商业品牌和社会品牌，这种情况并不罕见。回忆第 5 章提及的理念：企业兼具商业目标和社会目标。企业品牌代表了企业付出的所有社会努力，且随着多个标志性社会项目和无品牌社会项目的相互沟通和联系，企业品牌的总体影响力甚至会成倍增长，而不仅仅是累加式增长。一个由许多标志性社会项目组成的团队可以整合出全面有用的信息，一两个项目做不到这一点。

　　例如，本章开头讲到，高盛拥有三个标志性社会项目。本杰瑞开展了一系列令人匪夷所思的社会工作，但都具有类似的力量和风格。第 12 章也会提到，巴塔哥尼亚创建了许多令人眼界大开的标志性社会项目，涉及许多社会问题和解决方法。赛富时的品牌包括"承诺 1%"、慈善云、非营利云、教育云等。以上各个企业品牌都可以作为一个标志性品牌，体现企业所有的标志性社会项目以及其他无品牌社会项目的共同点。

　　企业品牌要发展成伞型社会品牌，其角色需要得到积极管理，企业品牌必须与标志性社会项目及其他社会努力建立起联系。人们必须知道这是巴塔哥尼亚的社会项目，那是本杰瑞的社会项目。这些社会努力需要能推动组织使命和组织文化的发展。

　　企业品牌可以扮演这种角色，但致力于展示企业社会工作的伞型品牌当然也可以发挥这一作用。例如，联合利华指南针（以及 USLP）涵盖了联合利华所有的社会努力，该公司拥有近千个标志性社会项目。传播其中任何一个都会增加伞型品牌的可见度和影响力。

　　如第 2 章所述，把联合利华的社会努力分解为以下三个优先领域：

改善地球的健康状况；帮助人们提升健康、信心和幸福感；为建设一个更公平、更包容的世界做出贡献。这些都有助于宣传联合利华指南针的社会努力，每个领域都有可以作为伞型品牌的子领域。例如，第二个领域包括"积极营养"（少盐、少脂肪、少糖等）、卫生（洗手）、清洁水源、卫生设施和自尊。这些标签是联合利华指南针品牌宣传工作的重要内容，有助于宣传正在开展的工作及其影响。联合利华指南针这个伞型品牌向我们展示了整体大于部分之和，并且一两个令人印象深刻的项目并非偶然事件，而是代表着联合利华的社会努力。正是这种整体反映了联合利华对社会做出的贡献。

第 5 章讲到的"铂慧影响"就属于这种伞型品牌。铂慧的社会影响可以通过作为铂慧影响子品牌的标志性社会项目来传播，如铂慧影响日、铂慧公益、铂慧拍卖等。由此形成的品牌团队具备了整体的推动力和责任感，为每个子品牌的标志性社会项目提供了纵向和横向的支持。"NBA 关怀行动"是另一个伞型品牌的例子。基金会有时也能扮演这一角色，同时代表企业及其社会努力。

为数较少的标志性社会项目可以让目标更集中。例如，在第 8 章中，巴克莱银行将四个项目合并为一个名为"数字鹰"的项目，旨在帮助人们在数字世界中取得成功。

NBA 关怀行动：确定标志性社会项目

"NBA 关怀行动"是美国职业篮球联盟于 2005 年启动的一项全球项目，旨在应对社会需求和社会问题，推动联盟履行"通过篮球的力量激励和连接世界各地的人们"的使命。"NBA

关怀行动"的一个目标是为愿意奉献爱心的包括联盟、球队、球员、传奇球星、教练、裁判、工作人员、社区以及商业伙伴在内的 NBA 大家庭提供功能性支持、指导和协调。另一个目标是作为伞型品牌，通过这个大家庭的所有成员来宣传和"讲述"联盟为应对社会需求和社会问题所做的诸多努力。

"NBA 关怀行动"包括十几个品牌项目，如 NBA 环保行动（NBA Green）、情暖老兵（Hoops for Troops）、篮球健身（NBA Fit）、NBA 感恩季（NBA Cares Season of Giving）、NBA 社区协助计划（NBA Cares Community Assist Programs）、篮球搭桥（Building Bridges through Basketball）、精神健康（Mind Health）、NBA 数学篮球（NBA Math Hoops）等。为支持这些项目，"NBA 关怀行动"与众多合作伙伴进行了合作，其中包括美国男孩女孩俱乐部、美国维拉司法研究所、美国瑟古德·马歇尔学院基金会、联合国儿童基金会、世界特殊奥林匹克运动会和"分享我们的力量"（Share Our Strength）等非营利组织。

要宣传所有这些社会项目和其他 NBA 大家庭成员的社会项目是不可能的。"NBA 关怀行动"扮演了重要的伞型品牌作用，但仍然需要赋予一些社会项目标志性地位，以确保社会项目能产生影响并得到传播。哪些标志性社会品牌最能体现"NBA 关怀行动"和 NBA 的总宗旨呢？有两个候选品牌脱颖而出——"生活、学习和娱乐中心"和"全明星服务日"，因为它们具有关注度、影响力、可传播性，以及与人们的情感联系。

由 NBA 大家庭创建的生活、学习和娱乐中心，如图书馆、科技实验室、青少年中心、正念健康室、翻新的住宅和篮球场等，都体现了创建社区的持久努力。第一个中心于 2005 年在纽约市建成，17 年后，在举行全明星赛的克利夫兰，第 2 000 个中心建成。"生活、学习和娱乐中心"项目之所以配得上标志性地位，是因为它具有持续的、可见的影响力：它在 40 个国家和地区开展的项目以令人信服的方式在全球范围得到了传播，还因为它讲述了有关社区，特别是那些欠发达国家的边缘化社区的故事，具有很强的感染力。

"NBA 关怀行动"——"全明星服务日"始于 2007 年的新奥尔良全明星赛，NBA 大家庭在卡特里娜飓风后协助新奥尔良市的救灾工作。此后每年的 NBA 全明星赛的周末期间，NBA 大家庭都会开展类似的志愿活动，为全明星赛主办社区提供具体的服务。在一年一度的活动中，球员、传奇球星以及整个 NBA 大家庭都会参与社区互动，花时间和精力为需要帮助的人改善生活、提供居住空间和生活设备。该项目用具有个人特色的故事来说明，NBA 不仅是篮球赛事。

有些标志性社会项目需要针对特定目标受众。例如，"篮球健身"和"NBA 数学篮球"可以成为针对特定目标受众的标志性社会项目。针对特定目标受众，标志性品牌的建立和维护成本可能较低，但标志性品牌这一角色在管理品牌组合时仍然很有帮助。

管理标志性社会项目团队

创建和利用单一的标志性社会项目是社会领导力战略的核心，但标志性社会项目很少单独存在，大多数情况下是若干个社会项目同时存在，有时往往涉及内部项目和外部项目的混合。这种标志性社会项目组合便成为一个需要进行积极管理的团队，使每个团队成员都了解自己的角色、重要性、人际关系，以及作为团队成员的赞助企业的其他要素。

标志性社会项目相互之间及其与企业的关系

标志性社会项目之间应携手合作，实现协同效应并使得思路清晰，从而降低成本、扩大影响、拓宽覆盖面。这些项目应避免制造竞争和混乱而相互掣肘。为此，需要积极管理与多个标志性社会项目相关的机遇和风险。例如，要帮助其他项目，标志性社会项目可以发挥以下几项作用：

提供动力。多芬的"真美"项目以其令人震撼的洞见为"多芬自尊"项目提供了动力和支持。没有"真美"这个平台，就不会存在让"多芬自尊"项目取得如此成功的情感推力或缘由。而"多芬自尊"项目的存在，意味着"真美"项目的影响力大大增强。这是一个连续的过程。因此，这两个项目保持活跃并协调发展，将持续产生回报。

扩大范围。卫宝的标志性社会项目"守卫宝宝健康成长到 5 岁"学到了"全球洗手日"项目的精髓并获得了后者的支持。前者的影响范围扩展到全球，并从这种关联中获得了更高的可见度和声望。"NBA 关怀行动"大家庭的所有成员都满足了一系列独特的社会需求，具备独特的受众。单个项目本身受到一定限制，但组合起来就影响力大增。

提供可信度。一些标志性社会项目可以为其他项目提供可信度。赛富时的几乎所有标志性社会项目都为"承诺 1%"项目提供了可信度，其中许多项目都可以通过量化来证明"承诺 1%"已经获得超过预期的可信度。

提供纵向清晰度。有些标志性社会项目还下设有其他项目。对于赛富时来说，"我们的力量"不仅提供免费或打折的软件，还将非营利云、教育云、慈善云和可持续发展云这四个面向社会的软件包联系在一起，以提供横向可信度。这四个云项目可以互相提供可信度，并为"我们的力量"项目提供事实基础。"铂慧影响"旗下也有标志性社会项目，拥有"铂慧影响日"和"铂慧拍卖"等子品牌。

新领域新项目。高盛于 2008 年推出了"巾帼圆梦"项目，为欠发达国家的女性提供商业管理指导、辅导和融资帮助。2009 年的"万家小企业"项目和 2021 年的"百万黑人女性"项目对这些基本内容进行了调整，这样便发展出了新的社会领域，并提供了持续的协同效应。

使用银弹品牌。标志性社会项目可以拥有提供活力、差异化或可信度的品牌特色、服务、创始人、故事或代言人。银弹品牌地位确保它们不会遭到忽视，也不会面临资源不足的困境。银弹品牌可以成为解决"为什么要做这个项目"等问题的"秘方"。更多内容见第 14 章。

共享资源。任何时候，标志性社会项目的运营或品牌建设所需的资源都可以相互共享，从而节约成本，提高项目质量。"我们的力量"项目下的赛富时云品牌可以共享图片、网站甚至内容，因为它们对工作内容的解释具有共性。高盛的三个项目可以共享培训内容和流程、员工以及处理客户关系的技巧。

标志性社会项目与企业中的其他品牌项目之间也存在一定的关系。赛富时将 Trailblazer 培训模块和品牌社区作为其业务战略的支柱之一。还把 Trailblazer 作为公司社会努力的一部分，Trailblazer 向那些需要帮助才能加入软件行业的人提供服务，其中一些人生活在欠发达国家。因此，Trailblazer 成为赛富时的标志性社会项目，并与赛富时的战略和文化融为一体。

制定资源分配决策

当有多个标志性社会项目时，就需要进行或明或暗的资源分配。如何在这些项目之间分配资源？基础分析考虑的是项目的重要性与其资源成本的对比。

首先，并非所有的标志性社会项目都是平等的。有些就是比其他的更重要，正是因为它们对社会需求（任务 1）或对企业发展（任务 2）具有更重大的影响。"标志性"是有等级之分的。一个项目究竟有多大潜力为社会造福，为企业品牌助力呢？

然后，项目评估会关注实施项目和打造其品牌所需的成本和资源，而这又受到项目实施方式及其品牌建设工作需求的影响。有些项目只需适度调整预算需求即可，有些项目则需要持续投入大量资源。

最后，企业可能要在标志性社会项目之间做出资源分配的决策。在前面所示的"NBA 关怀行动"案例中，社会项目众多，其中有两个因其关注度、影响力、情感联系和可传播性而被赋予了标志性地位和最高优先级，于是得到了有效宣传和倾力支持。还有其他一些覆盖面较小的项目，因为对预算和资源的需求不大，尽管重要性级别较低，目标受众较少，也有资格获得标志性地位。

在赛富时，"承诺 1%"成为受众广泛的重要标志性社会项目，是因为其品牌具有很高的活力和能力，能够代表赛富时致力于社会公益的承诺。尽管教育云、非营利云和慈善云所需的资源相对较少，并由其他社会和业务项目共享，导致其优先级和范围有所降低，但仍然会获得标志性地位。

让标志性社会项目发挥有效作用

标志性社会项目需要知识、洞察力、胜任力、战略指导等，才能有效开展。要让标志性社会项目发挥有效作用，面临三大基本挑战。

- **找到合适的项目**。第7章讨论的是如何找到合适的项目，也就是一个能够产生影响、激励人心且适合企业的项目。要找到一个"没实施过"而且"可行"的内部项目，或者一个能为企业创造有意义的市场定位的外部项目，并非易事。
- **融入企业**。第8章介绍标志性社会项目如何提升企业品牌的活力、形象并加强企业与员工和客户的联系。第9章介绍企业品牌如何为标志性社会项目提供资源和支持。这是一个不容错过的双赢优势。
- **建设强大的品牌**。第四部分将介绍标志性社会项目如何能建设强大的品牌，这是标志性社会项目成功的关键因素。要影响社会需求、提升企业形象，需要对标志性社会项目进行定位和宣传，这两项都是品牌建设的任务。

THE FUTURE OF PURPOSE-DRIVEN BRANDING

第 7 章

寻找激励人心、具有影响力和适应性的标志性社会项目

重要的不是你看什么，而是你看到什么。

——亨利·戴维·梭罗（Henry David Thoreau）

沃尔玛的转型

2004 年，沃尔玛董事长罗伯森·沃尔顿（Rob Walton）与保护国际基金会的 CEO 一起露营旅行，拉开了沃尔玛环保觉醒的序章。在篝火谈话中，沃尔顿被要求为保护小径、树林、空气和整个自然环境做些贡献。沃尔顿深受吸引，开始了为期一年的调查研究，随后他和沃尔玛承诺接受这一挑战。

随后，沃尔玛发起了一项重大的企业可持续发展计划，这一计划涉及员工、卡车、商店、仓库、供应商、社区和客户。沃尔玛的员工加上供应商、环保组织和监管机构，组建了 14 个团队，重点关注商店运营、物流和店内产品（包括采购、包装、林产品的使用、农药的使用等）方面的可持续发展问题。

其结果是，沃尔玛推出了一系列令人惊叹的环保项目，产生了显著的影响。令人惊讶的是，这些项目对业务绩效产生了积极的影响。更出乎意料的是，这些项目节约了大量成本，客户对环保产品组合的反应带动了销售额的增长，同时还减少了有关公司员工和供应商政策等问题的负面报道，显著提升了品牌形象。有一篇文章的标题是"绿色项目让人很难讨厌沃尔玛"。[58]

自 2005 年以来，沃尔玛在环保方面的努力范围不断扩大，影响越发显著。例如，沃尔玛 2017 年启动的"千兆吨项目"（Project GigatonTM）旨在到 2030 年，减少沃尔玛全球价值链中 10 亿吨温室气体的排放。该项目让供应商参与进来，要求他们设定目标，改善其在能源使用、废物排放和包装等关键领域的环境影响。3 000 多家供应商加入了该项目，其中 500 多家被评为"千兆吨领袖企业"（ Giga Gurus ），因为它们设定了目标并衡量其进展情况。沃尔玛自身也制定了数十个目标。例如，沃尔玛 2022 年制定的目标是：到 2040 年实现零排放运营，到 2030 年保护、管理或恢复 4 000 万英亩⊖的土地和 100 万平方英里⊜的海域。

沃尔玛的转变很令人震撼。倘若沃尔玛能实现更多的社会努力的品牌化，那么激励和宣传的工作就会更容易。"千兆吨项目"品牌在环保觉醒后十多年才出现，对解释公司的愿景和承诺起到了重要作用。沃尔玛确实有一些外部项目，例如，为保护森林提供数据和见解的"全球森林观察"项目，但沃尔玛环保工作的主要领导者是作为伞型社会品牌的沃尔玛品牌本身。

企业需要创建、提升或寻找在以下三个维度上脱颖而出的标志性社会项目或项目群体。第一，它解决的应该是能够让人产生情感共鸣、引人入胜、令人关注的社会问题。第二，无论是内部项目还是与外部非营利组织合作的项目，都应该具有可信度、独特性和影响力，应该以人们的欢呼为目标。第三，它应该能够融入企业的战略和文化。

如何找到这样的项目呢？好在有很多选择。我们先从重大社会挑战入手，然后讨论创始人或 CEO 的洞见、员工的倡议、客户的兴趣、供应商、创新技术、可能被隐藏或搁置的现有项目，以及企业的传统、优势和产品。

　　⊖　1 英亩 = 4 046.856m²。——译者注

　　⊜　1 平方英里 = 2.589 99 × 10⁶m²。——译者注

分析重大社会挑战

回顾第 4 章所述的气候变化、不平等、健康和教育等社会重大需求、问题和议题，我们可以发现具有吸引力的选择方案。第一，社会需求或社会问题的存在和重要性已得到广泛认可，无须解释。第二，会有一些拥护者成为品牌社区的候选人，他们愿意做志愿者或捐款。第三，将会有一大批非营利组织被吸引到这种需求中，它们既可以发展成外部标志性社会项目的执行者，也可以成为内部项目的合作伙伴。

气候变化。环保项目的优势在于可以解决最引人注目的长期社会挑战：全球变暖。企业可以采用以下几种方法在环保项目上有所作为。

第一种方法，企业可以从其产品或运营中寻找减少能源使用、二氧化碳排放、不可降解塑料、危险污染物和耗水量的方法。在这方面很少能形成品牌或特色，不过，一些总体目标可以起到品牌的作用。例如，微软在 2021 年被《投资者日报》评为在 ESG 措施和财务状况方面排名第一的企业，这主要归功于其雄心勃勃的目标：到 2030 年，微软及其供应链将实现碳负排放。[59]

第二种方法，打造"绿色"产品，推进实现环保目标。这些产品包括不含污染成分的清洁产品或低排放、零排放的电动汽车。"绿色"产品理念能帮助企业实现自我表达。购买和使用美方洁（Method）浴室清洁剂或驾驶特斯拉汽车，可以向他人展示其环保意识。通过生产电池动力汽车并发出生产电池和太阳能电池板的倡议，特斯拉将可持续发展作为公司的核心使命。通用电气也通过提供风力发电机等清洁能源产品创造了可观的业务收入。

　　第三种方法，开展一些项目鼓励公众或其他公司支持开放空间、植树造林、节约能源、避免使用污染材料等。在每种情况下，这种努力都会品牌化，并受到外部关注，从而提升赞助企业的品牌价值。巴塔哥尼亚的"旧衣回收"（Worn Wear）项目和日本零售商无印良品（Muji）创建的两个保护公园都是这方面的例子。

　　在环保项目中，存在这样的风险：看似对环境有益的项目可能会产生二阶或三阶效应，从而减少或抵消其环保效益。一种新包装可能更环保，但考虑制造它的能源成本后，情况可能就未必如此了。事实证明，在错误的地方种植错误的树木会破坏环境平衡，导致森林密度降低。因此，这个问题很复杂，第一印象并不总是靠谱的。

　　健康。艾伯维（AbbVie）的使命是通过多个项目来满足底层人群的健康需求，这一使命契合并发挥了公司的专业特长。艾伯维"被忽视的热带病执行委员会"（NTD）为协调防治被忽视的热带病做出了巨大努力。一个项目是，艾伯维的研究人员在工作时间之外自愿参与开发有效的 NTD 药物。另一个项目不局限于 NTD，AbbVie 还监督向 100 多个国家捐赠药品的活动。还有在 20 个国家开展的"健康成长"（Good to Grow）项目，该项目支持协作解决可预防的新生儿死亡的问题。几十年来，艾伯维的多个项目一直在支持应对艾滋病感染的工作。艾伯维还有员工健康项目，如"艾伯维活力"（健康研讨会和促销活动）和"艾伯维运动"（为期四周的健身计划）。

　　教育。惠普的"好人"声誉长久不衰，在惠普的标志性社会项目中"惠普之道"项目最有代表性，其中还有一个标志性社会项目是"HP Life"，这是一套免费的在线课程，主要面向企业家和潜在企业家，总共提供 7 种语言版本的 25 门课程。它是惠普与专门设计和推行此类项目的非营利组织 EDC 共同开发和实施的。我们有机会通过网络学习来开创全球创业新纪元，这是该项目的灵感来源。自 2012 年启动以来的 9 年里，已有来自两百多个国家的 130 万人参与其中，有许多人还加入了全球创业者社区。

这样的例子不胜枚举。我们面临的挑战是在尚未引起广泛关注的社会需求中找到并占领一个利基市场，在这个利基市场中，企业既可以做出贡献，也可以占有它。即使只有少数人受到影响，一个富有成效的项目也能带来改变，并创造出引人入胜的故事。

创始人或 CEO 的洞见

值得注意的是，许多项目的诞生都遵循着一种模式。一位高层管理人员，可能是创始人或者 CEO，经历了一个触发事件，近距离地看到了一个社会问题或议题，并将社会问题与自己关联起来。这时就"需要有人做点儿什么"。沃尔玛就出现了这种情况，再例如：

- 德尼斯·桑多瓦尔（Doniece Sandoval）在听到一个无家可归者提到担心再也没办法洗澡后，决定创办"流动浴室"（Lava Mae）这个非营利组织（第 14 章详细介绍），把城市废旧大巴改造成流动淋浴车，为无家可归者提供淋浴服务。
- 汤姆斯（Toms）的创始人在一个欠发达国家看到儿童没有鞋子穿，于是决定采取行动，最终成立了一家鞋业公司。他们每卖出一双鞋，就向没有鞋子穿的人赠送一双鞋子。数十家生产眼镜、袜子等产品的公司纷纷效仿。
- 比尔·盖茨夫妇了解到，如果扩大现有医疗范围并推动医疗发展，可以改善全球范围的死亡情况，为此，他们发起了一场雄心勃勃的努力。

- 思科（Cisco）原以为向学校分发电脑就可以解决学生获取资源途径不足的问题，但后来发现学校缺的不仅仅是硬件，于是创建了一个向用户提供专业知识的项目。

在以上每种情况下，都有一个事件让社会需求变得清晰可见，并暗示了这样一个观点：有能力找到组织资源、做出组织承诺的人，是有可能找到可行的解决方案的。

关注员工、客户、供应商、技术和现有项目

员工倡议。正如第 2 章所述，创建项目有两种方法。一种是自上而下的，如"多芬自尊"项目，即组织确定一个社会问题或环境问题，并创建相应的项目加以解决。另一种是自下而上的，即组织作为核心中介，为员工或客户提出的可靠想法寻找组织资源。大多数企业的一些社会努力是由个体员工掌控的，他们关注自己热衷的社会需求或社会问题。如第 3 章所述，在赛富时公司，员工拿出 1%（实际上超过 1%）的时间去寻找和实施一个项目，如帮助有弱势儿童的学校，或志愿服务于提供食物给饥饿的人的非营利组织。在每种情况下，都由个体员工决定这项社会努力是否值得、是否适合以及是否能够实施。员工还可以获得赛富时提供的最高 5 000 美元（如果有提案支持，可以增加）的配套捐款。赛富时员工的这种社会努力都属于一个伞型品牌——赛富时的"公民慈善家"。

围绕现有非营利组织开展的小规模的员工的社会努力可以促成公司的外部合作。赛富时与 CoderDojo 建立了合作伙伴关系,后者为年轻人建立了免费的、由志愿者主导的社区编程俱乐部,名为 Dojo。在俱乐部 Dojo 里,7~17 岁的年轻人可以在非正式的、创造性的环境中学习如何编程、开发网站、应用程序、软件、游戏,并探索技术。赛富时员工负责运营 Dojo,每个 Dojo 都由一名赛富时"冠军"领导,并配备有赛富时 Dojo 认证的志愿者。

客户兴趣。另一种方法是关注客户。客户会关注和重视哪些社会问题呢?家得宝的客户都是亲力亲为者,因此会积极支持"仁人家园"项目。雅芳的标志性社会项目"雅芳抗击乳腺癌之旅"(Avon Walk Around the World for Breast Cancer)已经持续了 12 年之久。虽然与雅芳的产品或能力没有什么关联,但它确实与大多数女性关心的问题息息相关,许多女性都曾因为朋友或家人的经历而近距离接触过乳腺癌。

加州伤亡保险公司(CCIC)为教师和巡警等群体提供服务。它的一个项目是为巡警提供泰迪熊,以送给那些因事故或其他事件而经历创伤的孩子们。这为所有相关人员缓解了冲击,带来了温暖。另一个项目是重新装修学校的教师休息室。由于预算有限,学校的设计师和建筑商经常忽视这些给常因工作而感到压力的教师们提供社会支持和放松的场所。这些项目虽然规模不大,但在 CCIC 的重要客户群体中非常受欢迎,关注度很高。这些项目还向员工宣传了公司乐于推动社会项目的组织文化。

关注供应商。帮助供应商之所以有意义,部分原因在于他们是关键的利益相关者,对企业战略至关重要。如果这些供应商及其工人位于发展中国家,来自全球性组织的积极帮助就会产生特别大的影响。

许多食品品牌都制定了一系列项目,以帮助发展中国家的农民及其他供应商改进方法，从而更好地管理土地并获得更高的产量。例如，2008 年在加纳成立的吉百利可可股份公司（Cadbury Cocoa Partnership）就帮助农民及其社区掌握可持续耕作、企业管理、解决童工问题、增加农业和其他来源的纯收入以及提升女性劳动价值等方面的知识和技能。其目标是巩固可可的供应来源，改善农民的生活水平，加强社区建设，并激励下一代可可种植者。

技术与创新。大部分颠覆性创新来自数字技术，涉及物联网、数据分析、互联网和电子商务等，这方面的技术也可以应用于社会项目。例如，格莱珉基金会（Grameen Foundation）将技术、数字平台和可靠的人际网络结合，让世界上的穷人，尤其是妇女，即使在无法接入互联网、没有智能手机，甚至没有阅读能力的情况下，也能自力更生，参与金融交易。她们不用去银行就能付款、存款、贷款、转账，还能获得能帮助她们做出健康决定、更好地耕作等方面的信息。富国银行（Wells Fargo Bank）就是基金会的合作伙伴之一，这个联盟可谓浑然天成。

加强现有项目。标志性社会项目的理想候选方案可能隐藏在众目睽睽之下，表现平平且关注度不高。如第 2 章所述，卫宝公司的洗手项目就属于这种情况，该项目已有一百多年的历史。2013 年，由于获得了新的资源，卫宝围绕学校创建了正式的项目，发布了在村庄取得成功的感人至深的 3 个视频，决定将项目扩展到众多国家，而且重要的是，创建了"守卫宝宝健康成长到 5 岁"这个品牌，洗手项目得到了加强和提升。

企业往往会避开打磨不够、存在缺陷的外部项目。但这样的外部非营利组织如果具有前景光明的使命和项目，拥有资源，且具有一定的创新性，那它很快就能成为有影响力的社会项目参与者。有趣的是，在商业领域，收购有前途的小公司来填补空白是一种司空见惯且通常具有战略决胜意义的策略。企业在寻找外部的非营利合作伙伴时，没有理由不寻找"便宜货"。企业可以寻找一个因缺乏用于完善产品或有效推广的资源而陷入困境的项目,然后为合作伙伴注入活力,影响社会需求,建立基于标志性社会项目的合作伙伴关系。相比之下,对于一个成功的、已经拥有强大品牌的非营利组织,企业可能提供不了什么帮助,或者很难和它建立独特的关系。

企业的传承、优势和产品

企业的一个目标是找到标志性社会项目,将其与企业的客户群体或员工的兴趣联系起来,使项目与企业高度契合;另一个目标是发扬企业的传承,从而充分利用企业的价值观和文化、资源和产品。

传承。有些组织有幸传承了其创始人或其他企业员工在几十年前就已经阐明的社会宗旨或使命以及相关项目。回归这些传承的源头能让已经凋零或褪色的文化、项目变得清晰、具体、充满活力。

早在 19 世纪 80 年代成立之初,卫宝就开始生产既能清洁又能灭菌的肥皂,以应对当时的流行病。这种传承为"守卫宝宝健康成长到 5 岁"项目提供了真实性。赛富时在成立之初就植入了 1-1-1(现在的"承诺 1%")项目。1973 年,登山家、冲浪者和环保主义者伊冯·乔伊纳德(Yvon Chouinard)创立了巴塔哥尼亚公司,用废旧金属打造环保型攀登装备。

资源和专长。考察一下组织的资源和专长,如何利用它们来创建标志性社会项目?什么才是真正合适的社会项目?第 6 章介绍的高盛项目都利用了组织的专业知识、企业客户群体和财务实力。许多"仁人家园"的赞助商都是生产家用电器或建筑材料的,因此他们有产品和专业知识可以贡献给"仁人家园"。

超出公司专业领域的项目是有风险的。联合利华的高端消毒剂品牌蓝多霸（Domestos）得知有 20 多亿人无法使用清洁安全的厕所，因此承担起了改善这一状况的工作。这项工作始于 2009 年，当时的项目是设计和建造清洁安全的厕所，但这超出了公司的专业范围，于是蓝多霸转向另外两个项目。其中一个利用了公司的产品和销售渠道，推出了一种新型厕所清洁粉。一次使用一包，售价 2 美分，项目利润足以弥补项目成本。第二个项目在南非启动，该项目教当地学校的清洁工如何正确清洁厕所，为他们提供清洁产品和设备，并教当地的孩子们如何使用厕所。[60]

产品或服务。公司可以通过产品或应用产品的方式来利用公司的资产和技能，也可将产品嵌入项目。卫宝将其产品和专业知识应用于"守卫宝宝健康成长到 5 岁"这一洗手项目。信实集团（Reliance）的金融部门将其贷款项目应用于印度的村庄。特斯拉帮助人们在改用电动车时节约能源。乐高公司给项目提供产品支持，向贫困儿童提供他们买不起的玩具。

南非领先的医疗保险公司之一探索有限公司（Discovery Limited）推出了"活力"项目：客户若养成健康的生活习惯，就可以享受更低的保费。公司通过"活力健康检查"筛查客户，跟踪血压、胆固醇水平和身体质量指数（BMI）等健康指标，并测量客户的运动和吸烟频率。结果是，客户改变了自己的行为，也改善了健康状况。2008～2018 年间，与探索有限公司相关的节约的健康成本超过 12 亿美元。[61]社会项目也可以以增加其产品对社会的影响为基础。2006 年，英德拉·诺伊（Indra Nooyi）出任百事公司 CEO，在她的领导下，百事公司采取了这一路线，推出了"赢之有道"（Winning with Purpose）的品牌倡议。[62]当时，人们对汽水和菲多利（Frito-Lay）零食生产商的重新定位普遍持怀疑态度，但诺伊拥有实现这一目标的视野、才能和资历。百事的社会努力涉及一系列项目，其中两个项目改变了百事生产的食品，使其更健康且依然具有吸引力。其结果是：

- **产品升级**。现有产品得以升级，通过减少糖、盐、饱和脂肪和不健康的添加剂来创造"对你更好"的选择。例如，2020 年，48%的饮料产品组合中每 12 盎司⊖饮料的添加糖热量不超过 100 卡路里，这一比例比前三年增加了 8%，并向 2025 年达到 67%的目标迈进。
- **增加"对你有益"的产品系列**。百事公司通过"桂格"（Quaker）、"另辟食径"（Off the Eaten Path）、"萨巴拉"（Sabra）、"艾威乐"（Alvalle）、"纯果乐"（Naked Juice）、"芭乐"（Bare）和"健康卫士"（Health Warrior）等品牌，增加了诸多素食选择，体现了可持续发展的价值主张。百事公司与"别样肉客"（Beyond Meat）公司成立的合资企业"百样合伙"（PLANeT Partnership），旨在开发、生产和销售由植物蛋白制成的创新型零食和饮料产品。诸如 SodaStream 和 SodaStream Professional 等"对地球有益"产品的交付平台提供了无须一次性包装的饮料产品。

在 14 年后诺伊卸任时，百事的销售额增长了 80%，股价翻了一番，大部分"宗旨"类项目都取得了切实的经济效益和社会成果。

合适项目的选择标准

无论企业是否在积极寻找配得上标志性地位的社会项目，它都有

⊖ 1 盎司 = 29.573 33cm³。——译者注

必要了解潜在的项目可能的样子。筛选和评估社会项目的标准有哪些？具有潜在影响力的标志性社会项目应符合以下三条标准：

- **能激励人心**（回答"为什么"的问题）。要解决的社会问题或满足的社会需求应真实可信，能引发情感共鸣。它必须具有重要性和激励性，不仅能激励员工和合作伙伴，还具备凸显赞助企业品牌形象的潜力。
- **值得信赖**（回答"怎么办"的问题）。项目理念要具有说服力，采用新颖巧妙的方法，不会给人留下"不过如此"的印象。企业要有途径获得项目所需的资产、技能和资源，以推动项目，引发人们关注，并让利益相关者做出真实的承诺。不能让人觉得项目是不可能实现的崇高目标，更不能让人觉得企业空话连篇或自吹自擂。
- **与赞助企业相匹配**。标志性社会项目与企业相融合，更有可能取得长期成功。如果标志性社会项目与赞助企业相匹配，与企业文化、价值观和员工相匹配，并能提升企业品牌的关注度、形象和忠诚度，同时又不会降低其真实性和信任度，那么融合就会变得更加容易。匹配与否不一定与企业直接挂钩，可能牵涉到年度筹款活动中的承诺和积极伙伴。

项目的演变

随着社会项目方案的出现和发展，企业需要对其进行筛选。然而，还有一个复杂的问题。社会项目是不断演变的，不会以完全成熟的姿态出现，甚至可以说与成熟的姿态相距甚远。最初的项目需要通过创造性思维和投资进行完善，才能进一步发展成标志性社会项目。很少有成功的项目是从一开始就大规模发展的，它们通常都是从小规模起步，再发生实质性的演变。

这意味着，筛选工作需要想象出项目可能存在的提升空间，并预测项目所需的创新和投资。一些最成功的项目曾经几乎被淘汰，是因为在当时现有技术或基础设施条件下，似乎存在致命的局限性。但是，坚持不懈、坚持创新并关注提升空间，最终将会成功筛选出合适的项目。

另一层含义是，投资一个初步的、有缺陷的构想可能看起来不明智，但也可能构成一个在多方面产生重大影响的项目的基础。回想一下铂慧 P4NP 项目，虽然该项目范围有限且存在局限性，但却促成了一系列项目，这些项目共同扩大了影响。创造性思维、全新的见解以及有针对性的完善、改进和调整，可以将一个看似薄弱的想法转变为切实可行的项目。

项目不断演变，但如果什么也不做，等着项目演变到完美无缺是不可能的。更好的策略是尝试将项目付诸实践，同时制订观察、学习和修改的计划，让演变过程发挥作用。通过实践、接近社会问题及受到社会问题影响的人，企业能从中学习不少。项目一定会得到改进，而且有可能产生改变游戏规则的结果。

接下来谈谈另一个当务之急：利用标志性社会项目提升企业品牌影响力，同时影响社会挑战。

PART 3
第三部分

将标志性社会项目融入企业

将标志性社会项目融入企业，便让项目有了根据地，保护其免受自身风险和弱点的影响。这种融入涉及的是与商务伙伴形成相互支持关系的标志性社会项目。第 8 章讨论了社会项目如何通过提升企业品牌影响力来帮助企业，社会项目这一角色尚未得到充分的理解或认可，部分原因是人们没有将它与伙伴企业的品牌价值联系起来。第 9 章讲述了在这种融入可行的情况下，企业如何作为积极的合作伙伴，为项目提供支持和获取资源的途径，从而帮助社会项目融入企业。第 9 章还讨论了在标志性社会项目是与外部非营利组织合作的项目的情况下，如何实现两个组织的融合，这是一项特别具有挑战性的任务。

THE FUTURE OF
PURPOSE-DRIVEN
BRANDING

第 8 章

融合一
用标志性社会项目提升品牌影响力

你的品牌信息主要关注的必须是你有多特别。

——拉利·莱特（Larry Light），品牌战略家

巴克莱的收益信托

2011 年，巴克莱品牌遭遇信任危机，因为有人怀疑它操纵了利率，进而诱发了 2008 年的金融危机。[63]毫不夸张地说，巴克莱当时是英国最不受信任的行业中最不受信任的品牌。为了改变这种局面，巴克莱决定于 2013 年 2 月宣布全新的品牌使命："用正确的方式帮助人们实现他们的抱负。"并鼓励拥有 14 万名员工的团队创建合适的社会项目。新获授权并受到激励的巴克莱员工团队创建了 40 多个社会项目。其中 4 个项目的项目组合成了"数字鹰"项目，数字鹰项目的使命是教育公众，特别是老年人和儿童，如何在数字世界中取得成功。从最初的 17 名员工开始，该项目最终发展到涉及 17 000 多人。数字鹰项目包括"品茗与教学"和"数字翼"两个项目，前者是周末在分支机构举办的非正式的关于适应数字世界的茶会教学活动，后者是一系列在线课程，帮助人们从数字新手成长为自信的用户。

2014 年 6 月，为了解决"脱胎换骨"后的信任问题，巴克莱决定用真实人物的真实故事代替之前的描述性宣传，在商业广告和视频中呈现这些以员工项目为主题的故事。其中一个有关数字鹰的故事讲述了史蒂夫·里奇（Steve Rich）的经历。因车祸里奇无法再踢足球，但他逐渐喜欢上"行走足球"这种不需要奔跑的足球比赛形式，这种比赛通常是在小场地上进行，每队 6 人。他重新体验到这项运动的乐趣，他希望帮助其他人体验同样的乐趣，于是决定提高人们对行走足球的认知度，并将行走足球发展成英国的一项全国性的运动。

在数字鹰的支持下，里奇创建了一个网站，将运动员与大约 400
支活跃的队伍联系起来，帮助安排比赛并组建联盟。网站还帮助里奇
等人重新联系上以前的一些足球伙伴。这个故事的视频版本让观众了
解到里奇、他的妻子和他的孙子，看到了他在比赛中重新焕发活力、
他与数字鹰的互动，并对他所做的事感到激动和骄傲。他的努力在一
定程度上让人们对这项运动的兴趣与日俱增，并且促成了全英锦标赛
的举办。

这些故事改变了人们对巴克莱的看法，激励了现有客户和潜在客
户。[64]在 2014 年夏天开启新型宣传活动后不到两年的时间里，巴克莱
的信任度上升了 33%，考虑度上升了 130%，情感联系度上升了 35%
（行业平均增长率仅为 5%），"财务安全保证"指标增长了 46%。与之
前"巴克莱脱胎换骨"的描述性宣传相比，新型宣传活动使其信任度提
高了 6 倍，考虑度提高了 5 倍。此外，巴克莱在媒体上获得了 5 000 次
正面提及，与之前持续的负面报道形成了鲜明的对比。这一切都归功于
一个精心设计的、与巴克莱银行紧密联系的标志性社会项目。巴克莱的
形象及其与公众的联系都经历了巨大的变化。

巴克莱的故事展示了融合的力量，说明了社会努力和数字鹰这个
标志性社会项目如何得到一家处于危机之中的企业的支持和资助，以
及这个标志性社会项目如何最终成为展示企业外部形象并提升企业员
工士气的持久解决方案。

标志性社会项目，无论是内部项目还是外部项目（由非营利性组织
参与的项目），都不应与赞助企业脱节。它不应该持续消耗企业的资源，
相反，它应该成为企业积极的伙伴和队友，不但影响社会需求，而且还
增加企业价值，进而也会获得赞助企业的认可和资源支持。这将是一种
双赢的伙伴关系。宗旨、愿景和立场应是相互交织的。员工应该在内部

标志性社会项目中与公司建立工作关系,在外部非营利性标志性社会项目中展开跨组织合作。这就是目标。

融合过程的黏合剂是企业与其选定的合作伙伴(即标志性社会项目)之间的共生关系。企业与合作伙伴会互相提供实质性的帮助。

- 标志性社会项目可以肯定企业的宗旨和文化,提升企业自身的活力和形象,并加强企业与员工及其他利益相关者的联系,还可以为企业带来尊重、钦佩、骄傲,甚至灵感。任何企业都需要这种提升,尤其是一些提供成熟的功能性产品的企业可能更加需要。这种作用既适用于企业选定的外部非营利组织项目,也适用于内部项目。
- 企业作为战略伙伴,能为社会项目提供实质性帮助,无论是内部项目还是外部项目。企业可以通过背书为社会项目提供可信度和承诺,这是不易获得的。作为合作伙伴,企业还可以提供源源不断的资金支持和资源倾斜,包括其专业知识、营销预算、员工志愿者、市场洞察、客户群体等。

在评估标志性社会项目时,如果不将它创造价值的所有方式纳入考量,可能会犯下低估项目价值或夸大项目弱点的战略错误。本章将重点讨论标志性社会项目是如何帮助企业的。第 9 章将讨论融合的另一面,即企业是如何帮助标志性社会项目的以及如何管理两个组织的融合。

社会项目为什么要为企业增加价值

标志性社会项目的首要任务,即"任务 1",是应对社会挑战,并产生社会"因此而不同"的影响。

"任务 2"是排在第二位但同样重要的角色，即为赞助企业增加经济价值，这项任务通常是通过提升赞助企业的品牌价值来完成的：在企业内部激励企业员工，在企业外部则为企业与客户、供应商、投资者及其他利益相关者提供联系的纽带。还有其他增值方式。例如，节能计划可以帮助企业显著降低成本，提升赞助企业的品牌价值通常也是一个重要的好处。

为企业增加经济价值是使得标志性社会项目融入企业成为可能的一个要素。它激励企业帮助标志性社会项目，因为很明显，企业帮助得越有效，收获的品牌效益就会越多。结果就是项目从企业那里获得更多更好的资源和更可靠的长期资助承诺。这种伴随产生的企业增加标志性社会项目的价值是使得标志性社会项目融入企业成为可能的另一个要素，下一章我们会对此开展进一步的讨论。

为企业增加经济价值可能看起来不合时宜，因为"行善"的人通常不会谋求个人利益，也不会吹嘘自己的行为。如果"增加经济价值"的任务处理不当，显得比项目本身更重要的话，那么项目的真实性就会遭到质疑。关于这个问题，本章稍后会详加讨论。对于"任务 2"来说，标志性社会项目和赞助企业都相当于游戏改变者，这一角色已经获得了广泛认可。在某些情况下，它可以成为决定企业成败的关键性因素。

标志性社会项目应该以为企业增加经济价值为目标，这一点之所以重要，原因有以下三点。

只有标志性社会项目才能提升品牌价值

标志性社会项目应该提升品牌价值，因为只有它才能做到这一点。

它有可能吸引人们的注意力并被人们记住，因为它是与人们息息相关、引人入胜且激励人心的。此外，它能为人们带来温暖、自豪、喜爱的感觉，并给人们带来自我表达的机会，所有这些都会影响企业品牌的形象以及企业与利益相关者的关系。对于实际上提供普通的功能性产品的许多企业来说，标志性社会项目对其品牌的影响力尤为重要。有了标志性社会项目，即便是最乏味的品牌也能引起人们的兴趣。

由于其关注的焦点、影响力和品牌形象，标志性社会项目也是强大的宣传工具。相比之下，宣传企业所做的全部社会努力几乎是不可能的，因为这涉及零散的拨款计划、志愿服务和没有实现品牌化的节能目标等。企业的宣传很难对所有这些面面俱到，还可能被认为是在千篇一律地夸大其词、自吹自擂。

提升企业品牌价值几乎总是影响到大多数利益相关者。例如第 2 章的"多芬自尊"项目能给多芬品牌注入自豪感，这反过来也会影响多芬的客户、员工以及其他利益相关者。巴克莱银行的社会项目对巴克莱品牌产生了可量化的显著影响，该品牌曾经处于非常负面的不利境地。第 6 章介绍的"巾帼圆梦"项目通过展示高盛如何利用其专业技能、创新与关系网络来服务社会，无疑帮助高盛提升了品牌资产的价值。

标志性社会项目是体现竞争力的需要

在几乎所有市场中，都存在解决社会问题和社会议题的动力。因此，企业纷纷创建新的社会项目，或者为现有社会项目注入活力并扩大现有社会项目的规模。竞争对手也在行动，这既是威胁也是机会。被认为对社会问题漠不关心或者对社会挑战应对不力，企业可能面临严重的惩罚，而积极参与并引领行业性社会项目的企业则会获得巨大的优势。随着越来越多的企业加入竞争并提升自己的水平，不采取任何行动的做法并不可取。

第 4 章记录了社会项目蓬勃发展背后的力量。企业传统的股东模式已经为利益相关者模式所取代。当前，一大群员工、客户、投资者和其他利益相关者在形成看法和做出决策时，所依据的正是企业在社会努力方面留给人们的形象。重大社会问题越发清晰可见，人们开始认识到，拥有资源、管理技能和策略敏捷性的企业才能在这一领域中做出有效的贡献。此外，对企业来说，要提升品牌活力、品牌形象，只有依靠可见的标志性社会项目才能实现。

促成这一趋势的是一种新兴信念，即社会项目为企业增加经济价值并影响社会需求，这些都是可以接受的。这个曾经不受欢迎的观点已经受到思想领袖、管理理论家、"利益相关者"经济模式崛起的推动，有数百本以类似"做好事：接受品牌公民身份，推动宗旨和利润双赢"为内容的图书阐述了这一理念。这意味着那些在社会领域落后的企业在经济上也需要克服赤字。

在众多有影响力的人物中，有一位是英国社会问题作家约翰·埃尔金顿（John Elkington），他在 1994 年最高提出了"三重底线"的概念，用来指代那些在盈利的同时仍然坚持为社会做贡献的企业。[65]这清楚地表明，企业如果选择从事公益事业，并不需要牺牲利润。

2011 年初，《哈佛商业评论》发表了一篇开创性文章，为该讨论提供了重要的补充。迈克尔·波特和马克·克雷默在文中指出，我们需要通过让企业创建具有社会价值和经济价值（尽管他们使用的是"共享价值"这个不同的术语）的标志性社会项目来重新定义资本主义。正如他们所观察到的，将标志性社会项目融入企业的做法与承担社会责任（做正确的事）或投身慈善事业（用"善意"的捐款与他人分享利润）有着截然不同的动机。这种共享价值的概念提升了标志性社会项目为企业增加经济价值的概念，部分原因在于它得到了当时最具影响力的企业战略思想领袖迈克尔·波特的支持。共享价值不再只是偶然出现的附带福利。

标志性社会项目将获得支持

对于标志性社会项目来说，无论是内部项目还是外部项目，拥有从合作关系中获得经济利益的赞助企业或商业伙伴都是具有战略意义的。赞助企业提供长期的经济支持，还让项目获得资源和专业知识，并得到可信赖的企业的认可。这是共生关系的另一面。如上所述，企业之所以有动力去支持标志性社会项目，是因为它能从中获得更多好处。第9章将再次讨论融合的这一面。

那么，标志性社会项目能够而且应该试图影响企业品牌的哪些要素呢？

标志性社会项目如何提升企业品牌价值

就企业品牌而言，品牌价值主要有以下三个维度：品牌可见度与活力、品牌形象和品牌忠诚度。每个维度都有特别适合标志性社会项目发挥其影响力的成分。对于那些寻找让社会项目既在社会挑战方面，又在企业绩效方面发挥影响力的方法的人来说，这三个维度为其提供了研究的方向。

品牌可见度与活力

可见的品牌具有巨大的优势。个人或组织需要用到某种产品时，才有可能考虑与该产品相关的品牌。如果品牌寂寂无闻，可能就无人问津。可见度还会导致人们基于一种潜在的无意识信念而形成对企业能力和企业产品质量的认知。这种信念是：如果你听说过某品牌，一定是有原因的，它必定得到了市场的认可。

品牌活力是实现品牌可见度的途径之一。有活力意味着创新正酣畅，市场正活跃，新事物层出不穷，人们有理由大谈特谈该品牌。几乎所有品牌，包括需要动力的新品牌，以及需要解决缺乏相关性、发展停滞的问题的成熟品牌，都需要更多活力。对于已经获得领导地位的品牌来说，尤其如此，因为它们的产品和应用让人觉得无趣，也没有新闻价值，甚至可能让人感到乏味，比如包装布丁或历经数十年的旧软件。它们的产品受众有更有趣的事要做，而不是考虑品牌的好处或创新。

虽然产品可能乏味、普通，且缺乏吸引力，但围绕一个激励人心的宗旨或使命的标志性社会项目可以从多个角度创造活力和可见度。社会问题或环境问题及其创新性的解决方案可能会引发产品本身不能给人们带来的兴趣。回顾第 2 章提及的联合利华品牌的案例。多芬推出的"蜕变"广告体现了打造"模特样貌"背后付出的努力，在油管视频网站上获得了超过 1 亿次的浏览量，创造了价值超过 1.5 亿美元的非付费观看量。而肥皂品牌卫宝，围绕其"守卫宝宝健康成长到 5 岁"洗手项目制作的 3 个视频，获得了 4 500 多万次的浏览量。这两个品牌都为相对普通的产品带来了很高的可见度和活力。在这两个案例中，正是标志性社会项目帮助企业品牌获得了知名度和活力，仅仅依靠产品是不可能实现的。

品牌形象

品牌形象是任何品牌价值的核心组成部分，是人们在面对某个品牌时脑海中浮现的东西。品牌形象可以包括一系列的看法、感觉、意象和联系。把可见的标志性社会项目融入企业品牌中，能让品牌形象更丰满，强化已有的元素，或抵消消极的看法。例如，标志性社会项目可以做到以下几点：

代表差异之处。这可能是一项有意义的品牌资产。例如，多芬自尊等标志性社会项目是多芬品牌独有的，从而使多芬明显区别于其他品牌，尤其是那些仅仅通过"跟风"提供功能性好处的品牌。赛富时的"承诺1%"项目归赛富时所有，已被10 000多家企业采纳。对于这些企业而言，赛富时是该项目公认的创始者和典范，得到了项目"成员"及其他了解该项目，且可能渴望加入项目的人的认可，从而在有意义的社会项目中发挥了领导作用。

让人记忆深刻。这是很重要的传播目标，比起其他数十个品牌属性，标志性社会项目会显得与众不同，部分原因在于，当功能性好处成为关注的焦点时，很少能引发人们的赞赏等情绪反应。在讨论社会项目时，人们很少怀疑和反驳，因为讨论者有能力参与并关注让人感觉切实存在的社会需求。

对抗负面报道。即使你的企业没有做错任何事情，坏事也可能发生。负面新闻之所以会出现，部分原因是"好事不出门，坏事传千里"，我们自己的洞察和数百项研究都证实了这一点。纠正受负面报道影响的企业形象很困难，因为任何争论都可能引起关注，甚至使情况变得更糟。在这方面，得到享有声望的支持者支持的标志性社会项目提供了一种解决办法，支持者当中有些人可能是顾问委员会的成员。标志性社会项目能将讨论焦点从负面报道上转移，并让可信的发言人说出"是的，但……"。巴克莱银行就是个典型的例子。

为社会宗旨或使命提供可信度。社会宗旨或使命可能难以宣传，因为可能存在这样的假设前提：它只是话语，而非行动。标志性社会项目提供了实质性内容，以项目细节、成功措施、个人故事的形式提供了佐证。实质性内容为企业的所有社会努力注入了可信度。

提供增长平台。标志性社会项目可以使得企业品牌受人钦佩，帮助企业自我表达，从而支持企业的产品和服务。像曼托、全食超市的有机产品、百事公司的更健康的零食等，都基于各自的定位刺激了企业业务增长。在这种情况下，企业既是商业品牌，也是标志性社会品牌。例如，玛氏宠物护理（Mars Petcare）把公司使命从宠物食品扩大到更全面的宠物护理理念，并融入宠物健康这个更广泛的生态系统，满足了社会需求。当公司在宠物营养方面取得进展，并通过 2 000 多家宠物医院提供高质量的宠物医疗护理服务时，企业的增长平台就出现了。

给品牌定位并构建讨论的框架。通过打造标志性社会品牌的可见度，可以将社会挑战和相应的社会项目纳入任何涉及商业品牌的讨论或决策中。这可能会创造出新的产品子类别，其中缺乏社会维度考量的产品不会受到优先考虑，甚至不会被考虑。

产生信任。社会项目的出现和存在，体现了与诚实、真实和终极信任等感知相一致的价值观，这是品牌最重要的要素之一，服务或 B2B 领域的品牌尤其如此。获得信任，才会受到尊重；失去信任，便很难重新获得。爱德曼信任度调查报告（Edelman Trust Barometer）展示了信任的力量，它连续 20 年对超过 26 个国家的信任度进行了估测。[66]在购买决策中，信任的重要性仅次于价格和质量，这一发现对处于不同地理位置、年龄段、不同性别的消费者群体都成立。信任也是推荐或捍卫品牌时强有力的考量因素。巴克莱的故事生动地展现了标志性社会项目如何影响赞助企业品牌的可见度和人们对企业的信任。

品牌忠诚度

品牌忠诚度是任何品牌价值的核心，因为一旦获得，就会持续存在。客户惯性会让已经赢得忠诚度的商业品牌受益。对于竞争对手来说，打破忠诚度的纽带是困难且昂贵的。因此，品牌建设的一个目标是，通过保持客户关系基础的长期稳定并尽可能地丰富、深化、强化这个基础，来扩大忠诚客户群体的规模，增强品牌忠诚度。

标志性社会项目可以通过若干方式来改善人们对赞助企业品牌的态度并增强人们对该品牌的忠诚度。它能为人们带来以下几种感受。

品牌亲和力。品牌忠诚度的一个驱动力就是对品牌的喜爱，当品牌与受欢迎的个人、项目或结果等联系起来的时候，人们就会对品牌产生喜爱的情感。被心理学家称为情感（喜爱）转移的这一概念得到了大量理论和实验证据的支持，其原因部分是基于对认知和情感一致性的需要。当一个人喜欢一个实体（标志性社会项目），但不喜欢与之密切相关的实体（赞助企业）时，就会感受到令人不舒服的不一致。人们会感到压力，要通过调整对其中一个的好感来化解这种不一致。

通过令人感同身受的故事来呈现诸如卫宝的"守卫宝宝健康成长

到 5 岁"（用来应对"200 万名 5 岁以下儿童夭折"这一悲惨事实）之类的标志性社会项目，可以引发人们对项目、项目的组成部分及结果，甚至对故事角色产生积极的喜爱。这种喜爱随后会转移到卫宝品牌上。人们会认为，这个品牌来自一个关心并参与应对社会挑战而非仅仅关注自身利润的组织。

情感是分层次的。当一个标志性社会品牌不仅受人喜爱，还能激励人心，而且这种感觉融入商业品牌时，标志性社会品牌和企业品牌就会形成极致关联。体验到这种激励的员工和客户会体现出更高的忠诚度。

亲和力除了让人们持续偏好某一品牌，还会影响人们的感知。事实证明，人们会过滤或扭曲那些与其信念和情感相悖的信息。因此，对赛富时的亲和力会将使竞争对手更难以通过事实和产品描述来证明自己的优势。

受标志性社会项目影响的品牌亲和力并不需要发挥广泛的影响。即使所涉及的客户细分群体看似规模相对较小，但如果拥有品牌亲和力,那么结果就会大有不同：无则苦苦挣扎，有则享受财务亨通。品牌亲和力还能影响最重要的客户，这些客户可能数量不多，但影响巨大。

第 7 章介绍过加州伤亡保险公司，这是一家汽车和住宅保险公司，其最大的服务团体是教师和巡警。该公司与这两个群体联合创建了"影响青少年驾驶员"（Impact Teen Drivers）项目，通过列举事实，教育青少年不要鲁莽和分心驾驶——这是美国青少年死亡的头号原因。这一项目体现了几大群体对青少年驾驶事故的共同关注，并加深了企业与这些关键客户群体的关系。

共同价值观。标志性社会项目可以在品牌与利益相关者之间创造出共同价值观的纽带。越来越多的重要的利益相关者希望他们与品牌之间的关系建立在应对社会挑战的社会项目的基础上，因为这种有意义的社会项目代表了他们的价值观。当共同价值观非常强大时，这些客户对品牌的忠诚和支持就会影响市场。这种纽带对于竞争对手来说是很难打破的。

帮助人们自我表达。通过肯定个人的价值观和个性，与品牌相关联的标志性社会项目可以帮助人们自我表达。使用多芬的产品，就是在表达与多芬自尊项目存在共鸣的一套价值观和个性。做食品银行的志愿者，表明你对那些无家可归或粮食短缺的人抱有同情。

品牌社区。加入标志性社会项目品牌社区（一个具有相同兴趣领域或进行相同活动的团队）意味着深度参与，这种深度参与会创建一种能提高参与者品牌忠诚度的特殊关系。"哈雷·戴维森车主俱乐部"（HOGs）和"科曼三天"（Susan G. Komen 3-Day）活动都是很典型的例子。两者都涉及相互之间分享妙招、活动新闻和情绪的参与者和支持者。其结果是形成了强烈的品牌亲和力，彰显了共同的价值观，产生了自我表达的好处，提升了品牌社区成员的品牌忠诚度。第 12 章对此有详细阐述。

宣传并关联标志性社会项目

标志性社会项目需要得到宣传，以提升企业品牌价值。现在不是佯装谦虚的时候。社会需求的重要性、该社会项目会对需求产生的影响以及该项目独特且可信的原因，这些都需要广而告之。品牌应该明确目标利益相关者，应该考虑各种各样的传播工具，包括项目活动、社交渠道、让人们对项目影响产生情感认同的故事，等等。

一个重要的宣传目标是把标志性社会项目和赞助企业品牌关联起

来。这种关联可以通过持久且明确的企业背书、共同的活动和事件等诸多方式来实现。最终的任务是确保在提及品牌时，人们就会联想到标志性社会项目。

除了要帮助卫宝之类的赞助企业品牌，标志性社会项目可能还有一项任务，即帮助垂直品牌链中更上游的品牌，这可能涉及不同的受众和不同的关联品牌的工作。联合利华的公司品牌、联合利华指南针（前身为 USLP）品牌和"可持续生活"品牌都从"守卫宝宝健康成长到 5 岁"项目中得到了"证明点"和活力。品牌关联不一定要触及广泛的受众，但一定要触及那些会从这 3 个品牌的品牌形象的提升中受益的利益相关者，包括员工、投资者、社会影响者。

量化标志性社会项目对品牌价值的影响

品牌的可见度、形象和忠诚度会影响企业的财务绩效，要量化这种影响往往很困难。就像任何无形的东西一样，品牌与业绩之间的关联很复杂，如果品牌的影响扩散至未来几年，尤其如此。那么该如何对其进行量化呢？

概念量化。最好的方法可能是构建一个关于企业战略及其成功关键要素的概念模型。该模型应考虑社会项目驱动的品牌价值变化对成功要素（比如，员工的业绩、客户的吸引力、投资者等其他利益相关者的亲和力）相对长期的影响。即使没有具体的数字，这种影响的重要性也应该显而易见。量化人员、文化或流程等无形资产的价值几乎是不可能的，品牌资产就属于这一类。这中间存在太多的因果关系，缺失其中任何一个，都可能导致量化失败。

　　案例研究。企业内外都不缺榜样。对其进行案例研究相当于做"准实验"，这些榜样在开展社会项目前后会存在差异，假定这种差异是由社会项目导致的，然后对比前后差异。巴克莱银行的案例即如此。本书描述的很多其他案例也证明了这一点：实施标志性社会项目会增强而非损害企业的盈利能力。

　　长远视角。标志性社会项目对品牌价值和企业绩效的影响可能延伸多年。因此，需要制定能体现其长期影响的指标。其中一个指标是客户的长期价值，这一指标基于会随忠诚度变化而变化的多年的利润流。因此，按忠诚度划分出受品牌价值变化影响的客户数量，进而计算出客户的长期价值，可以比短期财务指标更好地体现出标志性社会项目的长期影响。

　　实证分析可以支持这一论点。品牌价值的要素，如品牌可见度、品牌形象和品牌忠诚度等，可以通过跟踪调查来衡量，并与财务指标联系起来。有两点值得注意。第一，如前文所述，因为数据是现成的，短期财务指标用起来很容易，但往往与目标没什么相关性。第二，不要依赖品牌价值和企业绩效之间的相关性，重要的是看品牌价值变化对企业绩效的影响，避免颠倒因果关系。当然，最好的分析是以实验数据为基础的，这些数据可以控制许多外部变量，并可以找到衡量长期影响的替代指标。

品牌价值的确能带来回报

　　如果标志性社会项目能提升品牌价值，那么有证据证明品牌价值的变化会对企业带来影响吗？其实，是有证据的。除了大量的案例研究，实证研究也可以证明，一般而言，品牌价值指标的积极变化确实会改善企业的财务绩效，这可以在股市中体现出来。

罗伯特·雅各布森和本人所做的两项研究表明，品牌价值和股票收益之间存在因果关系。[67]这两项研究所采用的模型分析了品牌价值变化对未来股票回报的影响，在控制广告和管理质量等其他变量的同时，部分控制了因果关系的方向。

第一项研究基于对 34 个美国品牌的年度感知质量评级（与品牌价值的其他要素高度相关），这些品牌的销售额主要来自企业品牌下的销售。第二项研究用品牌持有者中对品牌持积极态度和持消极态度所占据比例的百分比之差来衡量（也与品牌价值的其他要素相关）品牌价值，涉及 9 家高科技公司在 8 年时间里的季度数据，共计 250 个样本。在这两项研究中，品牌价值均显著影响了股票收益。其影响几乎与会计上的投资回报率的影响相当，而投资回报率是一个众所周知的股票收益的影响因素。

密歇根大学的研究人员克拉斯·福内尔（Claes Fornell）及其同事开展的另一项研究使用美国客户满意指数（ACSI）这一指标来衡量品牌价值。[68]他们搜集了 9 年时间里的 600 多个样本，发现指数增长 1% 会带动股票收益率增加 4.6%，而 ACSI 得分占据前 20% 的股票组合的回报率是标准普尔 1 000 指数（原书提及的指数）包含的 1 000 只股票组合回报率的两倍。

我们还知道，耐克、苹果、丰田和通用电气等品牌的价值估计占其总价值的 15%～20%，可口可乐（包括其所有品牌）、麦当劳、宝马等品牌的价值甚至超过其总价值的 50%。这些数据来自 Interbrand 每年进行的品牌评估，评估过程中采用主观分析的方法在企业的无形资产中分配企业品牌的影响力。[69]

当以员工满意度衡量品牌价值时，出现的结果大同小异，由《财富》

杂志评选的美国百大最佳雇主榜单就反映出这种情况。符合评选条件的企业必须拥有 1 000 名以上的员工，该评选通过一份包含 60 个问题的员工调查来评分，调查内容涉及信任、领导力、文化和价值观等方面。有研究利用跨越 26 年的数据，就未来股票回报率（即随后一年内的股价变动加上股息）这一指标，将榜单上的百大最佳雇主与同行业的竞争对手进行了比较。结果显示，在 26 年的时间跨度内，这些百大最佳雇主的表现超过同行业的平均水平，每年股票回报率比行业平均水平高出 2.3%～3.8%。[70]这相当于累计回报率差异达到 90%～180%。该研究范围还扩展到了 13 个国家，其中 9 个国家的数据反映的结果超过了美国。[71]

把握分寸

有人指出，企业希望通过提升其品牌可见度、品牌形象和品牌忠诚度来改善业务，而这种提升是企业的首要目标，有时甚至是唯一的目标，这并不属于"任务 2"的范畴。对于这种说法，我们需要保持敏感。事实上，无论是在企业内部还是外部，都可能有人怀疑企业会对其社会努力夸大其词，或者为了得到正面报道而胡编乱造，怀疑企业之所以推出社会项目，纯粹是为了提升自身品牌价值，而不是为了增进民生福祉。在从创建富有成效的标志性社会项目中获得商业利益和避免显得肤浅、以自我为中心、商业味道过浓之间，存在着微妙的平衡。

为了避免人们对企业的动机产生误解，企业对标志性社会项目的热情和承诺必须彰明较著。如果没有真正的热情和承诺的切实投入，项目无论在短期内能给企业带来多大的提升，都不太可能取得实效，这种提升也不会持久。也许更糟糕的是，还可能导致利益相关者及其他人得出结论，认为企业的社会努力不真诚，只是用虚浮的项目来装点门面，而且项目大概率存在构想拙劣、承诺虚无缥缈且影响力匮乏等问题。这会削弱社会项目提升品牌价值的能力，最终可能对品牌造成重大伤害。

当企业和标志性社会项目之间无法自然契合时，挑战会变得尤为严峻。卫宝利用卫生来抗击疾病的传统和企业以肥皂为主打产品的事实，为"守卫宝宝健康成长到 5 岁"项目的发起动机提供了可信度。虽然多芬的产品和业务与多芬自尊项目之间几乎没有关联，但多芬仍然找到了使其社会项目与自身契合的方法。正是因为多芬做出了长期承诺并切实参与且推进了项目，这些项目才让人们自然而然地将其与多芬联系起来。

问题是，如何像多芬那样，在展现真正的热情和长期承诺的同时，还能让标志性社会项目助力企业发展。当然，要解决这个问题，首先得真正具备热情并做出承诺，具体表现在以下几方面：

- **让社会项目成为企业品牌和战略的有机组成部分**，而不是成为附属物。如果标志性社会项目与企业的使命、价值观、资源和活力之间能相互代表，那么风险，尤其是员工方面的风险将大大降低。
- **员工参与**将在企业内部，有时是在外部传递出企业真正做出了承诺的信号。当标志性社会项目融入企业文化，且大多数员工理解项目并将其融入自己的职业生涯甚至个人生活时，员工参与度就会提高。
- **每年都做出有意义的长期承诺**，这是在有力地宣示企业在满足社会需求方面抱有务实且热情的信念。其中承诺的一个信号是通过举办年度筹款活动来公开表示支持。另一个信号是持续开展活动，不断进行改善、扩展项目，表明企业并非只是在应付标志性社会项目。还有一个信号是证明在考虑到企业的规模和资源的情况下，企业对社会项目的投资是有意义的，证明的方式可能是接受"承诺 1%"计划的挑战。

- **成为积极参与的思想领袖**。举办关于社会议题的会议，在企业网站上设置讨论社会问题和解决方案的网页或专区，或者围绕具体问题创建品牌社区，就像第 12 章讨论的巴塔哥尼亚围绕环保要素所做的那样。这会让人们普遍认为，社会项目不仅仅是企业的一个项目。

第 9 章将讨论企业支持标志性社会项目的动机和能力。

THE FUTURE OF PURPOSE-DRIVEN BRANDING

第 9 章

融合二

用业务支持标志性社会项目

在这个世界上，你能做的最重要的一件事就是让人们知道他们并非孤立无援。

——沙农·埃尔德（Shannon L. Alder），美国作家

"仁人家园"：创建商业合作伙伴关系的最佳典范

"仁人家园"始于米勒德和琳达·富勒合作建房的想法，即有住房需求者与志愿者一起建造经济实惠的住房，部分资金来自筹款。在佐治亚州和非洲试验这个概念后，二人于 1976 年成立了"仁人家园"组织。

4 年后，"仁人家园"在 7 个国家建造了 340 所住房。到 2020 年，它已经帮助 3 000 多万人住上了新建或翻修的房屋。该组织在全球范围内以每年帮助 700 万人的速度开展这项工作，其中 95% 以上的人不在美国国内，该组织的志愿者人数超过了 140 万人。

"仁人家园"一直在拓展其服务内容。举几个例子。1991 年，"仁人家园"增设名为"家园修葺"（Habitat Restore）的家居装修商店和捐赠中心，销售全新和轻微使用过的家具、家电、家居用品、建筑材料等。2009 年，"仁人家园"发起名为"住有宜居"（Build Louder）的公共政策宣传活动，重点关注社区振兴和安保措施。2017 年，仁人家园推出"生活质量框架"（Quality of Life Framework）项目以支持社区改善，旨在建立一个安全、稳定、充满活力的社区。

在寻找积极的商业合作伙伴方面，"仁人家园"堪称典范，它有 100 多家赞助商，其中 20 家是承诺 5 年内每年捐款超 100 万美元的传统赞助商。艾比和施利文公司这两家传统赞助商每年捐赠 1 000 多万美元。在这 20 家赞助商中，有两家已经与"仁人家园"合作超过 35 年，有 16 家已经合作超过 8 年。另外还有 70 家企业已经做出虽然涉及金额不高，但包含志愿者支持的长期承诺。超过 20 家企业参与了公益营销，为其客户提供了支持"仁人家园"的渠道。例如，"Charity Miles"是一款苹果和安卓的应用程序，用户每步行、跑步或骑车一英里[⊖]，都会向"仁人家园"捐赠一定金额。达美航空也通过"非凡里程"（SkyMiles）常客计划，允许成员把飞行里程捐赠给"仁人家园"。

这些赞助企业已经将"仁人家园"融入自己的战略和文化，为什么"仁人家园"在发展赞助企业团队方面如此成功？其原因主要有以下几点。

- **品牌强大。**"仁人家园"的品牌力量来自其悠久的传统、知名人士的参与（卡特总统的志愿服务已经广为人知）、服务于显著的社会需求、由赞助企业提供的认可和可见度，以及在创建合作伙伴关系方面的出色能力。从概念到最后的实施，"仁人家园"在兑现承诺方面表现出色，同时也能引发情感共鸣。当人们想象志愿者建造或修复建筑物、家庭获得房屋所有权以及街区的繁荣景象时，会感到无比自豪。
- **便捷的员工志愿者服务渠道。**"仁人家园"为员工志愿者提供了便捷的服务渠道，以及可能在具有异国风情的、引人入胜的遥远国度中进行的项目。志愿者的参与过程十分便捷，"仁人家园"会提供指导，说明有哪些项目可供选择，以及如何推进项目。
- **为企业提供多种选择。**"仁人家园"采用多种方法帮助赞助商开拓与自身业务相关的选择。如上所述，家得宝关注退伍军人的住宅，艾伯维专注于飓风后的城市重建，富国银行则专注于

⊖　1 英里 = 1 609.344m。——译者注

房屋建设融资。在"信念建设"（Faith Builds）这个联名品牌下，施利文公司已经提供了来自员工和客户的 600 多万个小时的志愿服务。

- **与建筑类产品相契合。**"仁人家园"利用了其与建筑类公司之间的自然契合。耶鲁（Yale）提供锁具，惠而浦（Whirlpool）提供家电，施耐德（Schneider Electric）提供家电设备，盖福（GAF）提供屋顶材料，美辉（MaxLite）提供照明产品，等等。一些捐赠是按成本价进行的，但更重要的是，这些都与企业的业务有着紧密的联系，不过这并不是说这种契合是必需的，比如，第 7 章介绍的医药公司艾伯维和金融服务公司施利文公司就不存在这种契合关系。

当前，各企业积极努力应对社会需求、解决社会问题，并希望在帮助企业品牌发展壮大的同时，对社会产生积极影响。为了实现这个目标，必须打造并发展标志性社会项目和社会品牌。这些标志性社会项目和社会品牌应该具有活力和可见度，树立受人尊重和钦佩的形象，并建立一系列活跃的利益相关者社区。

如何创建强大的标志性社会项目呢？一个有效的途径是确保赞助企业成为提供资源、可信度和可见度的积极伙伴。从标志性社会项目的角度来看，需要寻找并激活商业合作伙伴。如果标志性社会项目属于内部项目，赞助商可以是受益于这种关联的内部企业，挑战在于让商业组织获得信息、受到支持并积极参与进来。如果标志性社会项目是外部的非营利组织的项目，赞助商可以是采用该品牌的企业。"仁人家园"的故事体现了找到并培养赞助企业的强大威力。挑战在于寻找并激活商业合作伙伴。

寻找并激活商业合作伙伴

对于标志性社会项目来说，不管它是内部项目还是外部的非营利组织项目，拥有从合作关系中获得经济利益的商业合作伙伴是具有战略意义的。这是将标志性社会项目融入企业的黏合剂的重要组成部分。黏合剂的另一部分，即标志性社会项目对企业的价值，是上一章讨论的主题。

赞助关系为标志性社会项目提供了三种附加价值，可以推动社会项目的长期成功，有时甚至决定着社会项目的生死存亡。赞助关系是一种双赢的关系。

第一，赞助关系是标志性社会项目获得长期持续支持的基础。当标志性社会项目被认为是在无谓地消耗企业本该用于战略投资和实施战术计划的资源时，无论它是内部项目还是外部项目，都会影响企业对项目的长期投入，尤其在企业面临困难时。然而，如果标志性社会项目能够为企业提供一定的经济价值，至少能够覆盖企业赞助的部分成本，社会项目面临的企业减少支持的压力就会减轻。无论是内部项目还是外部项目，每年都要寻求资金支持是令人痛苦且不可靠的。一开始就得到企业的明确承诺，的确算得上好事一桩。

第二，赞助关系会增加标志性社会项目获取企业资源的机会。当标志性社会项目融入企业的文化、战略和经营活动中时，就会在企业内部获得理解和认可。这意味着标志性社会项目更容易利用企业包括人力和专长在内的资源并从中受益。与企业建立赞助关系后，企业内部有影响力的人更有可能理解并支持标志性社会项目。在宣传预算方面，企业的宣传预算通常比较高。标志性社会项目通过品牌化的定期筹款活动也许就能获得这笔预算资金,有助于显著提升项目的可见度和参与度。

第三,知名企业或企业的背书会增加标志性社会项目的可信度。大多数利益相关者不会去深入分析标志性社会项目的质量,但为项目背书的企业会这么做。企业背书,意味着它们已经做过研究并得出了这样的结论:该标志性社会项目正在有效且高效地解决真正的社会问题。这种可信度很难通过其他任何方式获得。

企业内部的标志性社会项目

如果是内部项目,例如,多芬自尊项目或赛富时的慈善云项目,标志性社会项目团队所面临的挑战在于积极管理与赞助企业的关系,以确保项目的宗旨、使命和实施方法得到理解,为人排忧解难的热情得以释放。该项目不应该成为企业的附属物,而应该融入企业的价值观和文化当中。

为了应对这一挑战,需要在企业员工,特别是企业营销团队与标志性社会项目团队之间建立沟通渠道和专业关系。企业营销团队应该相信,有必要把标志性社会项目融入他们管理企业品牌的可见度、形象和忠诚度的工作中。在大多数情况下,标志性社会项目有可能为企业品牌提升形象,增添活力和受欢迎的程度,并传递出企业品牌高度重视社会价值的信息。

成为一个团队。内部项目应该与管理工作相融合,形成团队合作的局面。一个(也可能是一组)标志性社会项目将成为包括企业在内的更大团队的一部分。与组织单位及其员工组成团队并展开合作,可能会改变游戏规则。有了这样的团队，社会项目便能获得本来不具备的洞察力和才能；有了这样的团队，标志性社会项目便能通过一定的流程来实施更具连贯性的战略和更有效的战术。此外，团队有了合适的人员、坚定的领导和明确的使命，就可以提升士气，同时改善绩效。

　　传统的方法是建立企业筒仓（business silo）和社会筒仓（societal silo），它们由不同类型的人员组成，追求不同的目标，接受不同价值观和文化的引领，彼此之间几乎没有什么关联，也不进行沟通。这种隔阂导致他们没有接触，无法建立关系，必然意味着社会项目丧失了获取资源并提高绩效的机会，还会导致争夺资源和管理层发言权。这是一种不良却又难以避免的后果。

　　如何从筒仓转型到团队呢？我做了《跨越筒仓：CMO 的新任务》（*Spanning Silos: The New CMO Imperative*）一书中所描述的一项研究，该研究部分基于对 40 多位首席营销官的采访。首席营销官报告了他们面临的筒仓问题，如品牌混乱、机会错失、资源分配不当等，以及减少这些问题的方法。[72]核心结论是，我们应当尽一切努力用沟通和合作来取代筒仓间的孤立和竞争。

　　为了鼓励沟通与合作并营造团队氛围，在创建与实施标志性社会项目时，可以采取以下方法。

- 让赞助企业的合适的人员参与创建或审查标志性社会项目的使命、愿景和目标。
- 推出员工志愿服务项目。
- 推出有企业参与的筹款项目。
- 鼓励与企业方的人员展开协作，特别是专家和营销人员。
- 创立包括企业筒仓中的人员在内的咨询委员会，其中也许包括企业外部的具备有用的背景或知识的人。

- 创建包括企业筒仓中的人员在内的工作小组，工作小组可以负责具体的任务，例如审查标志性社会品牌的愿景，或者对改进或加强社会项目提供的服务提出建议。
- 赞助播客，举办活动，或者发布涉及或吸引赞助企业员工的简讯。

非营利组织的外部标志性社会项目

非营利组织应该努力寻找那些愿意积极创建标志性社会项目的企业。合适的企业会致力于积极、长期的合作伙伴关系，这种关系会超越捐赠、公益营销（其中部分产品销售收入会流向非营利组织）或拨款。非营利组织团队应当管理这两个品牌之间的关联，找到或者创造出两者之间的关联点。无论处于哪种情况，非营利组织的动机都应该基于对社会需求的热情，而不仅仅是为了获得正面宣传。尽管当前在我们讨论的情况中，不是企业，而是非营利组织及其项目在主动谋求这种联合，但驱动力、标准和目标都是相似的。

外部非营利组织会从合作伙伴关系中获得以下三个好处：长期稳定的资金来源、企业提供的信息和资源、企业认可所带来的可信度。选定非营利组织的企业会获得一个经过测试的、在已确定的社会需求领域中具有品牌的项目，而不需要创建一个需要重大投资且存在巨大风险的初创项目，这是双赢的。实现这一结果的途径是存在的，但并未得到充分利用，其中部分原因在于非营利组织在寻找机会时不够积极主动，同时企业在寻找项目和创造性思考时做得也还不够。

一个问题是，非营利组织熟悉和习惯的是传统的筹款方式，不习惯通过寻求长期合作伙伴，培养品牌思维来推动工作成效，因此，总体上没有养成使用品牌的习惯。非营利组织要从新的角度来认识这一问题，并采用一系列的新方法。做这些可能并不容易，但回报颇丰。

确定目标。要获得商业合作伙伴，就需要制订计划，搜寻具备潜在能力的合作伙伴。其中一种类型的合作伙伴是提供资源的企业，以及那些正在通过捐赠、志愿服务做出贡献的个人。他们的参与是否可以得到明确的重视和认可呢？也许他们会成为董事会或顾问团队的候选人。

为了扩展这类合作伙伴的范围，首先要考虑与非营利组织的使命和经营最为契合的具体内容。融合将如何进行？非营利组织究竟会如何通过影响企业的员工和外部的利益相关者，影响企业品牌？然后是要付出耐心。可能需要花费时间、制定策略、加强联系并专门推动，以把企业引上参与的阶梯。

建立关系。非营利组织在寻找合作伙伴的过程中，需要建立关系，这不是单向的，不能仅仅强调自己的项目有多好，能带来多大的帮助，也要涉及对方，包括对方的战略和目标。对方有哪些需求和利益诉求？如何利用第 8 章提到的结构来构建对话的框架？这一过程既涉及人与人之间的关系，也涉及组织与组织之间的关系。让企业以某种方式参与进来，比如提供志愿者，是建立关系的开端。

许多诸如"仁人家园"之类的非营利组织都有不同层级的企业赞助。因此，对于企业来说，跨越较低的层级相对容易。它们参与进来后，下一步的任务就是将它们引向更高的层级。分析与企业组织间的融合情况，以及如何实现这种融合可能会有所帮助，当两个团队都有投入时，尤其如此。

优先事项。接下来有必要确定优先事项。在最高层级上可以追求多少联系？下一层级呢？对于最有吸引力的企业来说，应该制订出一个可能需要多年的投资，使用多种联系进行的、有计划的互动战略。优先事项列表会随着联系的出现、发展或减弱而动态变化。

将标志性社会项目与企业品牌联系起来

将标志性社会项目与企业品牌紧密联系起来的性质和力度至关重要。如果没有这种联系，优秀的项目就得不到认可，也无法为企业提供经济价值。关键在于，要在不损害真实性的前提下建立联系。在视觉、逻辑、战略和组织等方面联系得越多，标志性社会品牌的价值观和名声越有可能从人们的认可中获益，从而增强企业的价值。

接下来的第四部分将介绍如何为标志性社会项目建设强大的品牌。这些方法也适用于其他所有的社会项目。

将标志性社会品牌融入企业基因

建设品牌的五件必做之事

第四部分设想我们处于社会项目领导者的位置。标志性社会品牌要完成影响社会需求和提升企业品牌价值这两项任务，那么，社会项目领导者如何建立能够满足这两项任务的、充满活力的、强大的标志性社会品牌呢？

第 10 章讨论了利用所有方法建设标志性社会品牌的重要性，并强调了其中的几种方法。

第 11～15 章描述了品牌建设的五件"必做之事"。每一件事都有可能提升标志性社会品牌的影响力。总体而言，这五件事能够将标志性社会品牌融入"企业基因"。这五件事之所以被选出来讨论，是因为它们具有强大的潜在力量，并且还没有得到充分利用，甚至并未受到某些企业的关注。

- 第 11 章 必做之事一：创建品牌北极星，为未来提供清晰、明确和激励人心的指引
- 第 12 章 必做之事二：创建品牌社区
- 第 13 章 必做之事三：让有趣的故事说话
- 第 14 章 必做之事四：寻找并宣传企业的银弹品牌
- 第 15 章 必做之事五：让企业的标志性社会项目规模化

THE FUTURE OF PURPOSE-DRIVEN BRANDING

第 10 章
建设激励人心的标志性社会品牌

告诉我，我会忘记；教给我，我会记住；让我实践，我才能学会。

——本杰明·富兰克林

不闻不若闻之，闻之不若见之，见之不若知之，知之不若行之；
学至于行之而止矣。

——荀子

要影响社会需求或提升企业品牌价值，标志性社会项目本身需要
具有强大的品牌，一个具有活力、意义和情感吸引力的品牌。上一章描
述了品牌建设的一条途径，即与积极的商业伙伴合作，获得认可和资
源。另一条途径是参与各种形式的品牌建设，打造标志性社会品牌，这
是本书第四部分的主题。本章介绍了几个品牌建设的概念和工具，其中
包括品牌建设的五件"必做之事"，随后的五章有更详细的描述。

要让标志性社会项目发展壮大，品牌建设至关重要。仅仅是让人知
道某项目是有品牌的，就能传达出标志性社会项目及其赞助企业的长
期承诺。品牌建设也是品牌被感知、受到尊重甚至钦佩，以及如何引发
人们热情的基础。

有了品牌，标志性社会项目的宣传会更加高效、可行且令人难忘，
因为品牌是一种能概括大量信息的工具。有了品牌之后的宣传可以提
醒、强化或增强人们对已经具备基础认知的品牌的理解。品牌不必向没
有动力接收新信息或加工复杂信息的受众传达产品细节。比如，不需要
宣传玛贝尔姑姑牌（Aunt Mabel）特制汤的成分，只需要总结其"品牌"
希望带给客户的整体体验期望。

可以利用一系列经过验证的品牌建设工具，包括活动、事件、体验、
内容和声音，创建和激活一个强大的品牌。看看本书已经给出的例子：

- 多芬：面向青少年推出"真美"和"多芬自尊"项目，通过新颖
  的试验向受众宣传了一个能激发个人兴趣的话题。
- 本杰瑞：通过花哨的噱头和对社会议题快速反应来吸引公众的注意。

- 赛富时：把标志性社会项目的故事与企业产品融合起来，并充分利用创始人的传奇故事和 1-1-1 捐赠项目。
- 铂慧：通过子品牌，把员工推动的标志性社会项目联系在一起。
- 高盛：创建出全面可信、具有引人注目的描述性品牌的社会项目。
- 沃尔玛：把一系列全面的环保项目与最明显的社会需求联系起来。
- 巴克莱：用故事来扭转自身在公众眼中的形象。
- 仁人家园：如上一章所述，"仁人家园"推行了一个可信的概念，经过了有效的执行，与数百个商业合作伙伴开展合作，发挥了巨大的影响力。

以下是可供考虑的几方面：品牌建设策略的基本原则、品牌建设的方式方法以及品牌建设的"必做之事"。

品牌建设策略的基本原则

了解您的受众。包括员工、志愿者、捐赠者、赞助企业在内的各种利益相关者都会有不同的观点、目标和媒体渠道，这时企业需要做出权衡。第一种方法是发出一条能高效触及所有利益相关者的信息，尽管不同的受众可能会对该信息做出不同的解释。第二种方法是发出多条信息，针对特定的利益相关者群体或子群体量身定制。第三种方法是提供一条普遍适用的信息，再补充一条更具针对性的信息。需要注意的是，应该始终站在受众的角度，而不是关注自己想让他们知道的内容。什么内容会吸引他们并引起他们的兴趣呢？

内部品牌建设。赞助企业的员工以及标志性社会项目的员工都渴望自己的职业生涯有意义，他们往往是品牌建设的重要对象。在内部宣传项目，让员工认同甚至积极参与标志性社会项目是至关重要的。另外，让企业主管担任标志性社会品牌的倡导者或品牌建设工作的主要负责人，也许是值得的。

注入可见度和活力。要确保标志性社会项目在任何情况下都关乎一定的社会使命，便有必要让品牌建设对利益相关者群体来说具有可见度。项目不为人所知，便算不上存在。任何品牌都需要活力。活力不仅可以创造可见度，令人惊讶的是，它还可以象征成功、创新、承诺、实质和认可。活力可以有很多来源，包括新产品、品牌建设、思想领导力、情感联系等。回想一下，卫宝的 3 个视频获得了 4 500 万次的观看量，这就是可见度和活力。还有赛富时的那些噱头，例如雇人抗议"过时软件"，吸引了媒体对这个"活跃的开拓新秀"的关注。

建立可信度并寻找证明点。关键在于让人们理解标志性社会项目的逻辑以及它是如何产生影响的。通过生动且有影响力的故事、市场测试、前后实验或者仅仅是报告结果都可以增强可信度。有时，详细说明投入的资源、拨付的金额、志愿服务的时限或项目触及的人数，也可以增强可信度。为了回应那些把项目规模和企业规模进行比较的怀疑声音，可以报告投入项目金额占销售额的百分比、员工志愿服务时间占员工工作时间的百分比。

品牌忠诚度。品牌的目标是与标志性社会项目的利益相关者建立源自信任、亲和力、共同利益、自豪感甚至激励的关联。利益相关者对标志性社会项目应该有一种认同和"我相信"的情感依附，还应该努力参与。对员工来说，这可能意味着志愿服务。对其他人来说，参加一次年度筹款活动不仅可以为品牌贡献参与度，还可以贡献活力和可见度。

品牌建设的方式方法

充分利用网站。社会项目网站是主要的沟通和参与工具。重要的是，要确保网站内容准确无误，并随着时间的推移不断改进和扩充，以反映学习的成果并向公众传达信号：创新和结果是我们工作的重中之重。使用这一工具，需要先回答以下问题：各利益相关者群体的需求和目标是什么？哪些内容会为访问者提供实用信息、活力、娱乐和品牌价值？网站会支持品牌建设计划吗？网站是否在功能上易于使用、在视觉上令人愉悦？

社交媒体。社交媒体是大多数受众会接触的，社交媒体可以（免费）传播信息，而最理想的情况是，品牌故事能够在社交媒体上得到迅速传播。要在这方面取得成功，需要天时地利人和，并不容易。

新颖且具有创新性的品牌建设。要有创新性，得先考虑什么才能引人注目。可以借鉴其他行业中为其他品牌取得成功的品牌建设项目，并调整、适应到自己的品牌中。这可能涉及新颖的活动、噱头或筹款活动。

非同质化代币（NFT）是一个运用新技术为品牌建设提供新视角的典型例子。NFT 是一种可拥有的、独特的符号，可以连接到标志性社会项目的图片或视频的部分变体。它类似于拥有一幅原画，复制品可能有几千幅，但原画只有一幅。

将标志性社会品牌的符号制成 NFT，可能可以用于提升某些人对标志性品牌的忠诚度。更有可能的是，赞助企业可能通过基于 NFT 的促销活动，将收益捐赠给标志性社会项目。NFT 已经被用于纪念或推广某个符号（雷朋眼镜）、某个品牌的核心价值（妮维雅关于触觉的价值的画作）、某个重要事件（古驰推出的新系列）或某个产品（塔可贝尔的特色

菜品）。在大多数情况下，NFT 项目把收益捐赠给非营利组织，挑战在于
创造性地找到将 NFT 与标志性社会项目对接起来的方式。

对非营利组织来说，筹款活动有可能成为品牌建设的关键首选。如
果筹款活动连续多年定期举办且能吸引人们参与，尤其如此。认为筹款
活动主要是为了筹集资金，触发有意愿捐款的人的捐赠决策，这是一个
常见的错误。筹款活动通常有其他更重要的目标，即为包括员工、捐赠
者、供应商和项目参与者在内的所有利益相关者创造标志性社会项目
的可见度、活力和参与度。筹款活动是让人实现自我表达的场所："我
是其中的一员，活动代表了我的所作所为。"在制定预算和规划筹款活
动时，应该更多关注某项特征是否能提升兴趣和增强体验，而不是担心
活动的成本是否会降低净收益。

筹款活动对于建立和培养赞助关系特别重要。筹款活动可能是打
通赞助关系的第一步。潜在的赞助企业可能首先预订一两张筹款活动
的桌子，让活动参与者了解并记住自己。它们随后可能会成为非营利组
织坚定的支持者，甚至晋升为顾问或董事会成员。到那时，提议让企业
成为重要的、积极的赞助商，让非营利组织的项目成为企业的标志性社
会项目之一，便水到渠成。

成为思想引领者。通过制作播客、撰写文章、举办专家会议、在媒
体平台上讨论问题、进行问题和议题研究，以及不断尝试新的特色和项
目创新，可以展示自己作为思想引领者的可信度、声望和学识。正如第
12 章所描述的巴塔哥尼亚那样，通过实施使用有机材料或回收材料的
项目、在行业行动中发挥领导作用、提出倡议，它成了一个思想引领者。

创造品牌的视觉表现形式。这涉及品牌的名称、标志、标语在不同
背景下的颜色和字体。通常情况下，网站和其他地方的图形会对传达标
志性品牌的个性起到重要作用。当视觉元素与战略信息一致时，传播效
果会更好。

品牌建设的"必做之事"

其他五个有关品牌建设的概念和工具被称为"必做之事",如图 10-1 所示。因为它们有可能有助于将标志性社会品牌融入"企业基因",但往往未被考虑或者未得到充分利用。接下来的五章我们将逐一详述。

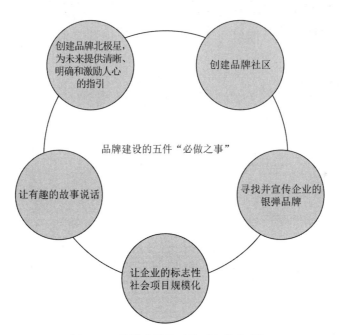

图 10-1　品牌建设的五件"必做之事"

创建品牌北极星。标志性社会项目需要根据品牌的使命、愿景、定位和主张来获得指引和激励。

创建品牌社区。一种强有力的联系方式是培育品牌社区,即一群分享相同兴趣、活动、问题或观点的人组成的群体，而品牌是这个群体的活跃成员。

让有趣的故事说话。对抗冷漠和反驳的方法是寻找或创造"标志性"故事，这些故事具有非凡的吸引力，引人入胜、引发共鸣，能激发人们的兴趣并让人参与其中。

寻找并宣传企业的银弹品牌。银弹品牌包括实现品牌化的特征、服务、创始人、故事、代言人或其他"秘密来源"，它们能为品牌提供活力、差异化或可信度。

让企业的标志性社会项目规模化。如果项目取得成功，则可以将其复制到其他区域或其他目标受众群体中，成倍地增加项目的影响力。

THE FUTURE OF PURPOSE-DRIVEN BRANDING

第 11 章

必做之事一

创建品牌北极星，为未来提供清晰、明确
和激励人心的指引

没有行动的愿景是一场白日梦，没有愿景的行动则是一场噩梦。

——日本谚语

白驹快递：以行动传递爱

2013 年夏天，卡罗尔·韦兰·康纳博士（Dr. Carol Weyland Conner）对成千上万人忍饥挨饿深感困扰，而杂货店、零售商、食品制造商和餐馆经常因为人为设定的"销售截止期"、库存过剩或者仅仅因为商品不符合摆放标准而每天丢弃许多优质的新鲜食物，于是他决定发起一个食物营救项目。品牌名称是白驹快递（White Pony Express），多余的食物经鉴别后，运送给那些为有需要的人提供帮助的组织。此后不久，白驹快递又增设了白驹综合商店项目，用于"营救"衣物以及玩具、图书等其他物品，这些物品原本会因不再使用，或因为有一点点瑕疵而被丢弃。这些物品也将被分享给那些需要帮助的人。

白驹快递的使命是"用爱把我们身边的富足送给那些需要帮助的人，从而消除饥饿和贫困"。这一使命指引并激励着白驹快递及其品牌，这一使命受到五大支柱的支撑，这五大支柱使白驹快递与众不同且充满活力。

以行动传递爱。"传递爱"不是事后的想法。白驹快递非常重视发挥爱的力量。这是其基本原则、表达、文化和行动的一部分，志愿者、捐赠者、合作伙伴、接受捐赠者能感受到这种爱，这源于它的传统。创始人康纳博士对爱以及爱在白驹快递中起到的作用有过很多观察："一个助人行为、一句安慰的话、无私的爱心自然散发的温暖、把别人急需的东西送上门，由此自然产生的受助者的感激和善意，以及无私行为带来的精神境界的提升、更多的纯粹的爱，让给予者得到的东西远远超过了他们所给予的。我们终于找到了通向持久幸福之门的钥匙！"

推出"白驹快递"项目，并非让捐赠者给有需要的人慷慨捐款，而是源于一种让所有人都自然而然地互相帮助的内在意识。该项目与振奋人心的"爱心接力"（Circle of Giving）有关：起初，由捐助者提供食物或衣服；然后，由"跑腿者"送给接收组织；最后，该组织将其送给那些需要帮助的人。有需要的人不仅获得了实质性帮助，还感受到了其他人对自己的关心。这种受助者所经历的感受随后会渗透到整个循环中，影响到所有参与者。当整个循环重复运行时，这种感受会逐渐增强。正如白驹快递的品牌主张所述："我们所有人互相照顾。"

不仅仅是食物。与食品银行不同，白驹快递不仅仅提供食物，还根据实际需要提供衣物。此外，还提供其他物品，例如玩具和图书，这些东西不仅仅关乎生存，还能给人，尤其是年轻人带来快乐。

救援所需的食品和衣物等。白驹快递关注救援行动。白驹快递让人把自己用不完的东西方便地捐赠给有需要的人，以便所有人都能分享生活的富足。白驹快递就是一个"连接者"。那些物品本来会直接运往垃圾存放处，有时还会带来不少的费用和不便，而很多人有需要却得不到，这是个悲剧。

服务个性化。食物和衣物是根据受助者的需求量身定制的，有时如果不询问，就没法弄清楚他们的需要。这不是施舍，而是像送给亲朋好友一样的礼物。衣服、玩具等有时会折叠好，并用蝴蝶结打包，让人感到很特别。

经营能力。白驹快递以惊人的速度和可靠性把富足之人和需要帮助的人联系起来。白驹快递通常在收到捐赠物品的当日或次日便送达，这种可靠性和热情让人联想到一百多年前改变了美国西部的"驿马快信"（Pony Express）。白驹快递的配送过程充满了尊重和关爱，是由志愿者、捐赠者、食品救援产品伙伴、综合商店产品伙伴和接受者组织共同完成的，所有人都秉持"我们所有人互相照顾"的精神。这确实需要很多人的力量。

当品牌及其文化既得到理性（头脑）的支持，又得到情感（心灵）的支持时，它们会变得更强大，并拥有一群更坚定的利益相关者。白驹快递凭借其专注于救援食品和衣物等物品的理念，以及快速、可靠地把物品配送给需要者的能力，在"头脑分析"中得到高分，而在"心灵方面"，白驹快递所做的一切社会努力，让所有参与者的价值都得到了提升。

2021 年，白驹快递庆祝了自成立以来配送食物达到 1 700 万磅，分发衣服、图书、鞋子共计 70 多万件/本/双这一重大里程碑。在帮助他人创建类似的组织这一点上，他们也取得了明显的进展。

在确定社会挑战并构想出标志性社会项目后，下一个战略任务是为项目创建一个品牌。这个品牌应该是强大的标志性社会品牌，这样的品牌将成为推动标志性社会项目与企业融合的主要驱动力。它将引导项目成功影响社会需求、宣传项目取得的成就、创造能提升企业价值并激励企业成为积极的合作伙伴的美好愿景。要实现融合，有五件必做之事。

本章论述的是品牌建设的第一件"必做之事"——创建品牌北极星，为未来提供清晰、明确和激励人心的指引，这是品牌建设的第一步。挑战在于，打造能激励人心、让人感觉真实可信并为员工以及其他与标志性社会项目紧密相关的利益相关者提供指引的品牌。这涉及一系列要考虑的问题。为什么所有的利益相关者，特别是员工和志愿者，都应该对项目及其作用感到自豪？要应对的引人注目的社会挑战是什么？标志性社会项目如何有效应对该挑战？项目会产生哪些影响？如何在内部和外部宣传项目的影响？

有几个概念性工具可以用来回答这些问题，每个工具都可以指引方向、激励人心，我们关注其中的四个。它们每一个都有一个备用名字，因为连接一对非常相似（如果不是完全相同）的名字，有助于整合概念。下面我们将会对这四个工具展开详细的论述。

宗旨（**使命**）：对项目本质的精炼表达。

品牌愿景（**品牌识别**）：创造可信度、差异点和激励效果。

品牌定位（**品牌架构**）：反映品牌愿景的哪些要素将是针对各利益相关者群体的宣传重点。

品牌主张（**广告语**）：激起兴趣、激励人心、锚定外部宣传。

充分运用这一套建构工具，宗旨或使命本身就不再是孤立的，也不需要单独评估。当然，也有其他可供使用的建构工具，包括承诺或价值主张（项目带来的引人注目的好处或体验）、目标或愿望（项目将以何种方式触及多少受众）和组织价值观（管理的核心原则）。

宗旨（使命）

对于标志性社会项目或品牌来说，其"北极星"始于其宗旨或使命，这些概念在第 1 章介绍过，在第 5 章使用过。这里，我们以标志性社会项目领导者的角度来进行论述。

宗旨或使命通常是一个单句或短语，旨在以一种员工、志愿者、赞助企业等利益相关者认为鼓舞人心、真实可信且能够对标志性社会项目的范围和方法提供战略指引的方式来表述标志性社会项目的本质。宗旨或使命还应该具有吸引力，应该与其他项目有所区别。通常宗旨或使命表述的任务是具有挑战性的，但应该清楚的是，首要任务应当是指引和强化项目，而不是吸引那些对品牌不熟悉的人。

以下是一些“使命陈述”的典范。

- 高盛公司的“巾帼圆梦”项目：“通过为一万名未得到充分教育服务的女性提供商业和管理教育，促进当地经济发展，实现更大程度的共同富裕并推动社会变革。”该使命陈述为社会项目的目标赋予了高盛的能力光环。

- 卫宝的“守卫宝宝健康成长到 5 岁”项目：“通过在全世界传播良好洗手习惯的重要性来拯救生命。”在全球范围内，拯救生命是一个雄心勃勃且鼓舞人心的使命。

- 无国界医生：“不分种族、宗教、信仰和政治立场，为身处困境的人们以及天灾人祸和武装冲突的受害者提供援助。”这一使命表明，与其他具有类似使命的组织不同，该组织的目标是为任何人提供服务，没有限制，没有资格要求。

- 奥克兰承诺：“让奥克兰社区参与进来，促进从婴儿期一直到大学和职业生涯的社会公平和经济流动。”该使命中清晰独特的“从婴儿期一直到大学和职业生涯”的范围界定，将它与其他解决跃升流动性问题的组织区别开来。

- 种植一棵树（One Tree Planted）：“一次种植一棵树，为地球再造森林。每收到一美元捐款，就种植一棵树，就这么简单。”

- 上善若水（Charity: Water）：“为地球上的每个人提供干净且安全的水。”这个使命陈述反映了一个雄心勃勃的目标，就其成就而言，该目标似乎充满了激情，而不是空洞、浮夸的承诺。

详细阐述宗旨或使命，可以让人们对该项目有更深入、更广泛、更清晰的理解。人们通常可以采用图片、故事或者对社会需求、标志性社会项目的描述等形式。以下是一些例子：

- 多芬自尊项目的使命是"帮助下一代在成长过程中与自己的外表和解，帮助他们提升自尊并充分发挥自己的潜力。"对此，"我们与心理学、健康学、身体形象领域的领先专家合作，创建了一个基于实证的资源项目，包括育儿建议，以帮助年轻人建立健康的友谊，克服容貌焦虑，做最好的自己。"这种详细陈述展现了项目获得可信度和激励力量所需的实质性内容。

- "为美国而教"组织"发现、培育和支持多元化的领导者网络，共同努力消除教育不平等"，进一步详述"融入八种价值观：致力于追求公平、加强社区建设、产生影响力、选择勇气、谦逊行事、展示韧性、不断学习、努力追求多样性和包容性，为项目建立联系，增加深度，增添热情。"[73]这些价值观的采用让项目具备了丰富的实质性内容。

- 美国红十字会"发动志愿者的力量和捐赠者的慷慨，减轻和消除紧急情况下的人类苦难"，这给强有力的使命陈述增添了故事性，提供了情感支撑。

- 许愿基金会（Make-A-Wish Foundation）："我们一起为患有重大疾病的儿童实现改变人生的愿望"——只需要配上孩子在说"我希望……"的图片或视频。

请注意，在以上所有例子中，无论目标有多么远大，宗旨或使命都具有真实性和可信度。这正是组织要通过热情、传承和资源为之奋斗的。

创建既有真实性和可信度又能够发挥引导、促进和激励作用的宗旨或使命并不容易。要为多方利益相关者找到真正合适的宗旨或使命，需要付出不少努力。宗旨或使命可能过于肤浅或平淡，无法激励人心，甚至不具备有意义的内容，也可能过于具体，阻碍了在社会影响领域的传播。有时，需要很长时间和多次修改才能找到合适的宗旨或使命。

品牌愿景（品牌识别）

标志性社会项目需要品牌愿景（**Brand Vision**）来激励人心并提供指引。

品牌愿景是指在客户、员工及其他利益相关者眼中，品牌应该代表的一系列令人向往的、多维度的"支柱"（或"原则"）。在建筑物中，支柱是支撑重要组成部分（例如屋顶）的圆柱。在品牌中，品牌愿景为品牌提供实质性和相关性的支撑。它回答了以下问题：当遇到该品牌时，人们应该想到什么？有哪些感知和观点？建立品牌关系的基础是什么？品牌的哪些方面会推动企业战略？如何加强品牌与客户、员工及其他利益相关者的关系？

品牌愿景是令人向往的，它可以与当前的品牌形象有所不同。鉴于品牌战略将来会发生变化，品牌愿景提供了品牌不断发展所需要的指引。在某些情况下，品牌需要改进某些特征，以弥补缺点，增强或扩展使命。但是，品牌愿景也需要可信度，必须有证据表明，令人向往的品牌愿景将会基于现有的或规划好的项目而变为现实，它不能仅仅是个愿望。

品牌愿景不是根据预先指定的清单建立的，这种"一概而论，填充格子"的模式可能牵涉不相关的项目。品牌愿景的建立要与当时的环境相关，可以采用多种方式：项目属性、组织价值观或文化、社会需求的性质、采用的技术或流程等。这些都是品牌愿景，任何对品牌建设有用的东西都应该包括在内。

品牌愿景几乎总是多维度的，因为社会项目（少数例外除外）是不能用单一的想法或短语来定义的。品牌支柱可能多达十多个。把其中一些最引人注目、与众不同的选为"核心品牌支柱"，它们将成为品牌建设项目和倡议的主要推动力。它们将站在第一线，明确、启发和引导品牌的发展。

剩下的品牌支柱被称为扩展的品牌支柱，它们丰富和深化了品牌愿景，汇集了可能因缺乏差异化基础而不足以成为核心品牌支柱的品牌要素。在重新评估过程中，扩展的品牌支柱的定位有时会得到提升。伯克利哈斯商学院（Berkeley Haas）就经历了这种情况，"自信而不自负"是扩展的品牌支柱之一，但在推广后，它成了最独特、最引人注目的核心品牌支柱。图 11-1 为"守护宝宝健康成长到 5 岁"项目的品牌愿景的例子。

核心品牌支柱
_____

真正的儿童和父母
- 每年两百万儿童活不到5岁
- 母亲尤塔里记住了她那不幸儿子的生日

洗手拯救生命
- 塞斯格拉村庄项目把腹泻发病率从36%降至6%
- "守卫宝宝健康成长到5岁"项目把全球范围内的腹泻发病率降低了45%，把肺炎发病率降低了23%

不只是洗手，而且还要正确地洗手
- 怎么洗手：一天洗手5次，每次20秒
- 用拍照设备证明洗手后细菌的变化情况

那些参与并起到作用的学校项目
- "学校五人行"项目
- 志愿者：员工和青年倡议

目标
- 10亿人正确洗手

扩展的品牌支柱
_____

全球洗手日
- 卫宝是创始合作伙伴
- 100个国家的5 亿多人加入洗手日庆祝活动

卫宝卫生遗产
- 1889年，威廉·利弗推出卫宝肥皂，使所有人都能保持卫生
- 抗击维多利亚时期英国的霍乱

联合利华指南针（其前身为联合利华可持续行动计划，即USLP）
- 保护地球：捕获二氧化碳、减少废弃物排放、降低用水量
- 改善健康，提升自信

图 11-1　"守卫宝宝健康成长到 5 岁"项目的品牌愿景

品牌支柱的特征是什么？需要具备什么特征才能让品牌愿景发挥好明确、启发和引导品牌发展的作用？需要有一套标准，类似一份愿望清单。每个支柱并不需要符合所有标准。但整体而言，品牌愿景应该展现出以下特征。

- **与利益相关者产生共鸣**。应该有能引起共鸣的部分：它对我有用，与我所做的和我想要的相关。品牌愿景应该激励甚至鼓舞组织的员工和合作伙伴，应该让他们很在意，并产生自豪感，一种"如果我们这样做，就会产生影响"的感觉。
- **有别于其他社会项目**。品牌愿景中，应该有一部分被认为是新颖巧妙、独一无二甚至是有新闻价值的，从而让品牌愿景成为品牌的专属。人们会把该品牌视为唯一拥有这种愿景的品牌。
- **具有可信度**。组织能实现这一目标。组织具备资格、资源，承诺做到这一点。
- **激发行动**。引人注目的品牌愿景将激发品牌建设的倡议和项目，并创造动力来支持行动。品牌愿景还应该在确定优先事项、确定哪些支柱需要投资、哪些需要重点宣传等问题时提供指导。
- **克服各种"有理由不买账"的障碍**。消除人们不参与项目的理由（例如，"管理费用太高"）对于提升项目吸引力，使项目取得成功至关重要。这通常涉及设立一个平衡目标，即在某一方面被认为"足够好"的平衡目标，这样在其他方面感知到的风险或不足就不会成为参与的障碍。

还有一些其他的特征。首先，每个品牌支柱的标签应该是动人心弦、感人至深且令人难忘的。例如，图 11-1 中的"真正的儿童和父母"标签让人感知到故事里的人物都是真实的。标签至少应该有两个词。值得注意的是，不要过于低调地声称自己的品牌是新颖、优质或以客户为导向的。许多品牌都会做出这种一般性的声明。品牌愿景需要亮出自己独特且可信的见解才行。如果一个品牌支柱是领导力，那它就应该是品牌独特的领导力，例如伯克利哈斯商学院的品牌支柱是"伯克利领导力"。

其次，品牌愿景应该用几个要点或几句话来详细说明，要提供细节、证据点、事实和相关举措。如果缺少详细说明，标签可能招致误解和曲解，也可能缺乏感染力。在标签和详细说明中，使用品牌特色是有帮助的。例如，五位超级英雄和世界洗手日这两个品牌就有助于让宣传更加容易。

最后，企业可能需要多个品牌愿景。针对特定的利益相关者群体（如员工志愿者或捐赠者），可能需要通过添加、删除、改变叙述立场、重新解释等方式来调整品牌愿景。

有效实施的品牌愿景能产生巨大的影响。关键在于，标志性社会项目是否在其"客户"和其他利益相关者中创造了可见度和活力；标志性社会项目是否树立了正确的形象，赢得了尊重（而非敬畏），其言行是否真实且符合品牌定位；"客户"和其他利益相关者是否致力于支持组织及其目标。答案得是肯定的才行，这一点的确至关重要。精心策划的品牌及品牌建设项目是可以实现品牌愿景的。缺乏品牌愿景会导致标志性社会项目失去人们的热情，甚至失去认可。

品牌愿景并非一成不变。它不仅代表项目战略，还推动项目战略的实施。因此，如果项目战略发生变化，品牌愿景也必须做出相应调整。最有效的品牌愿景通常有很长的寿命。然而，随着时代的变迁和各种变化的出现，品牌愿景需要适应新的变化，而不能一成不变、停滞不前。因此，可能有必要增删或重新诠释品牌愿景。

形成过程。品牌愿景的形成过程始于提出以下问题：我们的品牌应该代表什么？我们的抱负是什么？这些小项通常有 50～100 个，将它们进行分组，给每组贴上一个标签，让每组成为一个品牌支柱。这个分组并贴标签的过程至关重要且困难重重。要正确地分组、贴标签可能花费几周甚至几年的时间。在引起共鸣、实现差异化、获得可信度方面最具影响力的分组和标签被分配到核心品牌支柱小组当中。

在开始这个过程之前，先提出十几个标志性的故事会有所帮助。这么做通常会为那些提出了别人认为过于野心勃勃的支柱的人提供更广阔的视角，增强其信心。故事可以提供证据，证明一个大胆的想法是可能实现的，甚至组织已经具备了实现的能力。

要有效传播品牌愿景，就需要讨论品牌定位（品牌架构）和品牌主张（广告语）等概念。

品牌定位（品牌架构）

定位高的品牌会在宣传计划中获得优先权。在提及或考虑品牌时，应该想到哪个或哪些品牌支柱呢？哪个支柱最能实现差异化、引起共鸣并传达品牌愿景呢？人们对品牌产生什么样的认知会让品牌赢得认可和承诺呢？

"守卫宝宝健康成长到 5 岁"的品牌定位是什么？它应该包括什么？哪些关系应该处于领先地位？它是挽救儿童生命的项目，影响真正的儿童和父母的项目，还是涉及校内课程的项目？它是上述几点的某种结合吗？定位策略可能因受众而异：对于员工、捐赠者、合作伙伴，以及不同的客户群体来说，定位策略可能是不同的。品牌定位的目标是为标志性品牌创造出由一个或多个支柱来定义的领导地位，使品牌最有可能实现提升可见度、提升形象和拥有更强大更忠实的追随者的目标。

品牌定位关乎品牌应该如何被感知；品牌架构关注的是哪些维度在与品牌有关的讨论中显得突出，以及哪些维度在做出与品牌有关的判断或决策时是需要首先考虑的。在以上任何一种情况下，目标都在于优先考虑品牌的一个或多个核心支柱。

品牌架构可能至关重要，这是因为，在大多数情况下，说服性论点的质量并不像论点所涉及的内容那样具有影响力。因此，包括核心品牌支柱在内的正确架构能激发"正确"的对话。然而，如果架构忽略了这些核心支柱，最终结果就会令人失望了。白驹快递与食品银行不同，部分原因是前者处理的是衣服，并且它们获取的食品和衣服是用于救援的。如果没有白驹快递，大部分有人急需的物品不仅会被浪费掉，还会产生处理费用并引发环境问题。因此，白驹快递应该抓住人们不会忽视的"衣服"和"救援"来搭建品牌架构。如此架构的结果可能比辩称其在获取用于救援的衣服和食品方面更胜一筹来得更有影响力。

品牌主张（广告语）

品牌主张是一两个短语或句子，以简洁有力、引人入胜的方式展示并传达它背后的社会项目或组织的本质。它应该以令人难忘的方式，幽默风趣，在情感上触动人心或在视觉上引人注目，体现出品牌是什么、品牌在做什么。想想好事达保险公司（Allstate）的品牌主张，"呵护你周全"，并配有伸出双手的图片。

品牌主张是一种向外部传达品牌是什么、品牌在做什么的方式，灵活且往往零成本。无论品牌和标志出现在何处，卡车上、网站上、文具上还是其他地方，都有可能带上品牌主张，这通常不会额外增加成本。对于内部受众，品牌主张还有提醒并加强印象的作用。

有时，品牌本身就是品牌主张，或是对品牌主张的补充。想想"守卫宝宝健康成长到 5 岁""美国消灭饥饿组织""承诺 1%"等，这些名称本身就提供了关于项目本质的信息，对项目的使命进行了简洁有力的陈述，它们本身就是品牌主张。

在大多数情况下，项目需要一个单独的品牌主张来传递信息并引起兴趣，比如：

- 因为地球需要好律师。（地球正义）
- 干净的水。健康的鱼。快乐的人。（特拉华河流域倡议）
- 送出一顶蚊帐；救回一条生命。（只要蚊帐）
- 如果我是一只熊猫，你会更关心我吗？（世界自然基金会）
- 我们所有人互相照顾。（白驹快递）
- 一美元。一棵树。一个地球。（种植一棵树）

注意这些简短的品牌主张是如何以简洁巧妙的方式描述使命、激励人心、引发情感共鸣的。它们都朗朗上口、清晰明了且令人难忘。当心那些试图面面俱到、过于描述性的品牌主张。相反，品牌主张应该以令人难忘的方式，反映社会项目的品牌愿景和使命中最鼓舞人心的方面。

品牌北极星应该发挥引导和激励的作用，特别是在组织内。品牌北极星应该是员工自我表达的重要动力，感到骄傲的源泉。对于建立并维持组织文化，决定什么样的行为和决策适合组织，它应该发挥关键作用。有力的品牌北极星陈述经得起时间的检验。然而，随着项目的发展和变化，应改变或调整品牌北极星陈述来与之适应。

接下来我们讨论品牌建设的第二件"必做之事"：创建品牌社区。

THE FUTURE OF PURPOSE-DRIVEN BRANDING

第 12 章

必做之事二
创建品牌社区

"每个人都是由他或她所属的社区来定义的。"

——奥森·斯科特·卡德（Orson Scott Card），美国作家

巴塔哥尼亚之心

巴塔哥尼亚基于自身在环保领域的热情、领导力和传承创建了几个社区。这种热情始于 1972 年，当时，创始人伊冯·乔伊纳德引入替代金属岩钉的楔块，改变了攀岩运动，避免了岩钉破坏岩石表面。自 2018 年制定鼓舞人心的使命"拯救我们的地球家园"以来，巴塔哥尼亚取得了巨大的发展。下面让我们一起来了解一些巴塔哥尼亚的背景故事。

巴塔哥尼亚的品牌支柱和主要客户吸引力之一是其服装和运营都具有环保意识。巴塔哥尼亚近 90% 的服装材料来自回收渠道，如塑料容器、工厂废料、废弃服装等，这种做法可以减少超过 40 亿吨的二氧化碳排放。例如，Nano Puff 夹克在 2020 年改用了 100% 的消费后回收聚酯绝缘材料，减少了近一半的生产排放。

2011 年，巴塔哥尼亚在黑色星期五的《纽约时报》上刊登了一则标题为"不要买这件夹克"的广告，鼓励顾客不要轻易丢弃仍然可以穿的衣服，只购买自己需要的衣服。该广告主要介绍了巴塔哥尼亚广受欢迎的 R2 夹克，并解释说，制造该夹克需要 35 加仑（135 升）的水、排放 20 磅（9 公斤）的二氧化碳，如果客户放弃购买新夹克，其中大部分的水将节省下来，大部分的二氧化碳不需要排放。这则广告成为巴塔哥尼亚的标志性广告和象征。想想看，为了节约自然资源，让顾客不要购买自己的产品，还有哪个品牌会这么做呢？

　　一年后，基思（Keith）和劳伦·马洛伊（Lauren Malloy）创建了一个博客，让人们分享自己与自己最喜欢的巴塔哥尼亚产品的故事，那些产品上的破损、撕裂、修补和污渍都让人想起一些特殊时刻。顺便说一句，有多少顾客能做到对一个品牌如此热衷？巴塔哥尼亚受到这些分享的启发，决定升级、扩展公司的维修和回收服务。其结果是推出了"旧衣新穿"（Worn Wear）这个标志性社会项目，该项目旨在延长巴塔哥尼亚所有产品的寿命。在该项目的网站，每个人可以退回一件巴塔哥尼亚服装（获得积分，用于未来购买）以进行回收、修复和转售。该项目得到了一个大型维修厂、一个移动维修服务站和一个通过网站运营的二手服装企业的支持。

　　1986 年，巴塔哥尼亚开始实施一项每年向环保事业捐款的政策，这项捐款被称为"地球税"，捐款金额为销售额的 1%。2002 年，巴塔哥尼亚成立了一个名为"捐 1%给地球"（"1% for the Planet"）的组织，并邀请其他企业加入。截至 2021 年，来自 45 个国家的 2 000 多家成员企业同意加入。该组织证实，每个成员企业实际都捐赠了 1%，并用一些生动的故事来说明成员企业的行动。成员企业的网站包含"一个地球对话"栏目，大家可以在上面与活动的领导者就紧迫的环境问题展开在线讨论。就这样，一批拥有共同的使命感、做出承诺的企业、企业员工和追随者汇聚起来，形成了巴塔哥尼亚社区。

　　巴塔哥尼亚的大多数员工也是积极分子。一些在某个领域有特殊影响力的人被推选加入"全球体育活动家"（Global Sport Activists）项目，利用他们在体育社区中的角色来推动社会变革。

　　巴塔哥尼亚利用 1%的资金支持地方性的环保非营利组织。这一方向始于 20 世纪 70 年代，当时巴塔哥尼亚成立了一个致力于保护美国加利福尼亚州圣巴巴拉附近文图拉河的项目，旨在保护鲑鱼的繁殖和鸟类的栖息地。这一努力取得了成功，并导致了扭转河流枯竭状况的政策的出台。除了提供资金，巴塔哥尼亚还每两年举办一次"基层活动家工具"（Tools for Grassroots Activists）大会，向与巴塔哥尼亚相关的非营利组织传授营销、活动和宣传技巧。

经过"捐1%给地球"项目的筛选，巴塔哥尼亚创建了一个高效开展有效工作的组织名单，并于 2018 年启动了巴塔哥尼亚行动计划（Patagonia Action Works），让顾客和其他人与巴塔哥尼亚所支持的环保行动团体建立联系。巴塔哥尼亚商店在当地举办"行动计划"活动，为经常不受重视的基层参与者树立社区意识。

2010 年，巴塔哥尼亚帮助召集了服装行业、非政府组织、学术界和美国环境保护署的高层领导召开首次会议，旨在确定共同创建解决社会问题的绩效指标的可行性。其结果是，次年成立了可持续服装联盟（Sustainable Apparel Coalition），该联盟已发展到包含 50 多家公司，服装和鞋类的销售份额占据全球的近三分之一。

其他倡议的出现，导致形成了更多的企业社区。在激励私营企业和当地活动家推动环保议程方面，巴塔哥尼亚发挥了领导作用。它在欧洲发起了"我们节约电能"（We the Power）运动，旨在发动地方力量，通过非传统方式推动企业使用可再生电力生产，目标是到 2050 年，实现生产消耗的 45%的电力来自可再生能源发电。巴塔哥尼亚还建立、支持行业组织，解决离岸工厂工作条件和工资治理问题。

最终的结果是，巴塔哥尼亚不仅成为巴塔哥尼亚一般性社区的领导者和榜样，也成了与"旧衣新穿""捐1%给地球"等标志性社会项目相关的、各种更细分社区的领导者、榜样和伞型品牌。

在可持续服装联盟、巴塔哥尼亚行动计划等十几个项目中，有一些是巴塔哥尼亚忠实信徒的子群体，其他则是由公司及其利益相关者组成的团体。通过利用社区发出声音并实施行动，巴塔哥尼亚正在发挥影响力，也为个人和企业提供了一个表达自己价值观和使命的场所。在巴塔哥尼亚，企业和社会问题的融合不是问题，因为它们实际上是融为一体的。

品牌社区潜力巨大。标志性社会项目需要得到认同。但如果可能的话，更雄心勃勃的目标应该是获得人们对项目的参与、承诺甚至热情。要做到这一点，需要打好基础：成立一个可有效运营、不会令人失望、由有能力的人来管理的项目，并制订一个有效的沟通计划来解释项目的成立原因和实施方式。不过，承诺和热情需要的不只这些。这方面的要求与品牌社区的概念不谋而合。

品牌社区

品牌社区是由一群共同参与，并对与某品牌相关的活动、目标或兴趣领域抱有热情的人或组织组成的群体，品牌社区是一个提供自我表达的机会、归属感、实用信息、社交福利和参与机会的共同体。

每个品牌社区都有会员层级，根据会员参与程度和承诺程度区分层级。有些人会成为领导者和创新者，发现新问题、拿出观点、改进项目或策划活动。其他人可以通过提供或获取信息、参加活动、进行社交等方式积极参与。还有一些人可能不经常参与，但会因为结识一群值得信任并接受你成为其中一员的志同道合者而受益。想想巴塔哥尼亚和它所培育的社区。

为什么要创建品牌社区

为什么个人不能独自追求一个自己感兴趣的领域？社区能提供什么？一家公司如果只专注于通过宣传其标志性社会项目的描述、目标和好处来与利益相关者建立联系，而没有创建社区的动力，这样做会有什么问题？

我一直是加利福尼亚大学伯克利分校金熊队的球迷。这非常不容易，因为在篮球和橄榄球方面，该队很少有年份能接近顶尖水平，表现得好的年份也只是略超过平均水平，而且这种年份的出现没有规律性可言。但我几乎每天都花时间去关注有关球员和教练的新闻和传言。在赛季中金熊队的比赛日，我可能就像坐上情绪过山车一样，以绝望或狂喜结束，再与几个同样疯狂的朋友讨论比赛结果。金熊队获胜，或者金熊队至少是值得尊敬的，这对我来说都很重要。作为加州体育社区的一员，我虽然只有十几个定期交流的伙伴，但我和其他不认识的但在兴趣和承诺方面与我很相似的人建立了关系。这给我带来了归属感。我分享，我参与。

我不仅是加利福尼亚大学社区的"成员"，还是名为"硅指南"的作者团体、非营利组织白驹快递、非营利组织蒙纳门特危机中心（Monument Crisis Center）、我的高中同学团体以及我的大家庭的成员。外出旅行时，美联航和赫兹公司认可和对待我的方式让我觉得自己很特别，于是我成了这两家公司的支持者。这些社区定义了我的身份，并为我的生活提供了意义、支持和快乐。

为什么社区如此重要？非营利组织如何创建和培育社区？一个答

案是，社区至少以五种方式为其成员提供价值：提供自我表达的机会、归属感、实用信息、社交福利、实际功能性好处。在我所属的社区中，这五种价值都得到了体现。

提供自我表达的机会

品牌社区提供自我表达的机会，一种表达你是谁的方式。在人际关系和生活中寻找意义，离不开向自己和他人传达你的身份。真正的你是什么样的？你相信什么？你生活中最重要的事情是什么，最优先考虑的是什么？是什么为你的日常活动增添了意义？

传达真实的自己并不容易，尤其是传达你富有同情心和乐善好施的一面，因为这可能会给人留下自私和自吹自擂的印象，这通常是令人不舒服的。相比之下，加入围绕一个标志性社会项目而建立的品牌社区，可以用实际行动代表而不是炫耀你的这一面。成为品牌社区的一员，可以反映你的如下情况：

你如何花费你的时间和资源。你所做的事、你如何花费你的时间和资源代表了你是谁。人们会听你说的话，但通常更看重你的行动。代表一系列活动、目标或兴趣的品牌社区是表达身份的一种方式。一个人是哈雷·戴维森车主俱乐部的成员，雅芳抗击乳腺癌之旅、无国界医生组织的支持者，或者赛富时的校园志愿者，都表明了这个人的兴趣领域和活动内容。

你的价值观，你看重的事情。关注社会问题的社区会向他人发出你在生活中看重什么的信号，这套价值观通过其他方式可能很难传达，因为社区才具有切实可信的特质。想想气候变化带来的可怕威胁、乳腺癌对家人和朋友的影响、小企业纷纷倒闭的景象，将此类社会问题作为你生活中的优先事项，可以充分说明你是什么样的人。

归属感

　　加入一个拥有活跃品牌成员的品牌社区，会让人产生归属感。无论你是小学生还是成年人，归属感和被认同都是一种重要的个人需求。品牌社区提供了一个可靠的核心朋友圈，朋友们始终在那里，永远兴趣盎然。人们渴望联系，而品牌社区提供了这种联系。当然，随着参与和承诺的增加，归属感也会增加。孤立无援、不得不"靠自己"是归属感的对立面。

　　美国运通（AMEX）发起了"支持小商户"的运动，旨在帮助小企业在经济不景气时蓬勃发展。对购物者来说，这场运动传达了在本地购物的感受，以及由 AMEX 部分赞助的促销活动的吸引力。其结果是，零售空间被重新定义为有吸引力且让人感受到归属感的社区。对于小型零售商来说，AMEX 提供了一系列由 AMEX 协商折扣的供应商服务、支付授权计划、海报和其他宣传品，以及有关小企业管理的全方位建议。小型零售商现在感觉到，它们不再是单打独斗，而是成为社区的一部分，社区会提供坚实可靠的商业指导。

实用信息

　　品牌社区通常会有一个网站，社区成员可以回答问题，提出建议，并提供有关社区活动、相关书籍和播客的信息。因为社区专注于一个兴趣领域，它很可能具备与你相关的信息。如果品牌社区允许双向交流，即使是通过聊天室，也可能帮你解答特定问题。

来自品牌社区的信息会备受信任。来自品牌社区的人会很有趣，他们通常痴迷于社区的主题，不流于肤浅，也不会炮制来自其他来源的，可能有偏见、虚假成分或自私动机的信息。因为赞助品牌不是卖家，而是"我们中的一员"，所以来自品牌社区的赞助品牌的信息也是可信的。

即使没法让人积极参与，一个能获取相关信息的品牌社区也可以促成紧密联系，没有互动也可能产生亲和力。一个很好的例子是在线园艺工具公司嘉丁拿（Gardena），该公司分享了 500 多个按季节组织的深度园艺技巧，虽然大多数成员并不经常互动，但社区依然形成了一个有价值的信息源，它提供的是来自有参考意义的小组成员的无偏见的实用信息。

社交福利

通过把拥有相似价值观和兴趣的人联系起来，品牌社区能提供社交福利。在某些社区，你可以积极提问并发表观点。知道身边有一群志同道合的人，这就是一种社会支持。在观点和兴趣方面，你并不孤单，还有其他人会尊重你的想法并倾听你的心声。

社会支持的力量已经在社会科学中得到证实。即使只有一个盟友，也可以在你捍卫与非社区群体不同的立场时，为你提供所需的支持。要知道，有一群有知识、可信赖的人分享你的兴趣和观点，会给你带来安慰和力量。畅所欲言、互动对话也满足了人的基本需求。

品牌社区通常还有帮你建立社交网络的潜力。有机会与业内同行建立新的关系和新的友谊，可以获得更多的想法和评论，还可以提高工作表现，甚至获得更好的工作机会。

实际功能性好处

品牌社区应该让成员感觉到自己很特殊。做到这一点的一种方法是，认可成员过去的贡献和忠诚。举办庆祝多年服务的活动，哪怕仅仅是提醒人们，他们做出了有价值的贡献，也会起到一定作用。忠诚度计划的基本理念是设立忠诚度等级（比如，美联航的贵宾会员、金卡会员、白金会员、1K 会员），这个概念也适用于社会项目。仅仅是阶梯上移就能让人产生一种身份特殊的感觉。

成为内部人员，参与制定战略或改进社区运营，这也能让人感觉到特殊。小型晚宴或共享活动，也许是在外地的见面会，都可以切实让人感觉到被尊重。甚至仅仅是表明会征求并听取某人的意见，也可以表明对这个人的重视。

令人满意的参与方式可以为成员带来切实的好处。接下来我们将详细介绍各种参与方式。

参与

品牌社区的所有回报——自我表达的机会、归属感、实用信息、社交福利和实际功能性好处，都会随着参与度的变化而变化。健康的品牌社区会为其成员创造参与机会，使成员更加积极参与，从而对社会问题和社会项目产生更深的热情、做出更多承诺。目标是让人们从被动成员转变为层次越来越高、参与度越来越高的积极参与者，并最终成为领导者。

值得注意的是，即使是被动成员，即便他们的参与是间接的，或仍然是潜在的——"有一天我可能会参与，这算一个选项"，他们也可以成为有价值的社区成员。他们要与社区建立联系，的确需要不只是了解或接受这个信念：社区的兴趣和活动是值得的，并且自己是匹配的。真正关心且有志于解决社会问题的被动成员仍然可以获得自我表达的机会，并在他人分享与他们相似的信念和关注点时找到安慰。被动成员之所以有价值，部分原因在于：他们有一天可能会积极参与进来，他们将成为社区信息的接收者和面向他人的信息传递者，他们的存在让社区多了一个关键的群体。

然而，挑战在于为成员提供参与机会，能提升他们的热情，增加他们的承诺和分享意愿的参与机会。以下列举一些参与方式。

成为标志性社会项目的积极参与者

几乎所有的标志性社会项目，无论是内部项目还是外部项目，都依赖于志愿者。志愿服务的选择是无穷无尽的，可以"亲力亲为"。品牌社区成员可以自愿成为多芬自尊项目的讨论领导者。企业可以加入赛富时的"承诺 1%"项目。施利文公司将承诺提升到了另一个高度。

施利文公司，一家有帮助教会社区成员传统的非营利性金融服务公司相信，当人们充分利用自己所拥有的一切时，人类就会繁荣；金钱是一种工具，而不是目标。因此，激发慷慨和回馈是其核心价值观。施利文公司的大约 200 万名客户和员工，每一个都加入了当地的施利文公司会员网络（Thrivent Member Network）项目，创建这一项目部分的目的是鼓励和促进客户和员工参与到帮助有需要的人的活动中，可能是救灾，可能是建设当地项目，或通过"仁人家园"修建住房。

任何客户或员工都可以提议组建一个施利文公司行动团队，通过实施具体项目来应对社会需求，可以是筹款活动、教育活动或服务活动。项目网站提供了一张寻找、创建、资助和运营项目的路线图，也提供了一个用故事来分享相关经验及其影响的地方。施利文公司提供了支持，团队带来了将想法变成现实的热情和意愿。到2022年，已经有超过450 000个项目和50 000多个与这些项目相关的故事产生。

从2005年开始，团队任务的一个重要来源是参与"仁人家园"组织的住房建设项目，该组织与施利文公司有着共同的价值观和目标。在此后的16年里，施利文公司及其客户共捐赠了超过2.75亿美元，用于在全球各地建造、翻新或修理住房。施利文公司的员工和客户还贡献了超过630万个志愿服务工时，以支持"仁人家园"实现每个人都有体面住所的愿景。这些努力大部分是在"仁人家园"和施利文公司的"信仰建设"品牌项目下进行的。最终产品与"仁人家园"的其他住房没有什么区别，但更侧重使用来自施利文公司当地客户和基督教会的志愿者的志愿服务和资金支持。

有几个品牌社区参与其中，包括组织了特定住房建设项目的施利文公司行动团队、更大规模的信仰建设社区以及施利文公司会员网络社区。所有这些社区都在发挥作用，并且可能与每个积极参与的个人息息相关。

施利文公司是一个榜样，其标志性社会项目完全融入企业文化和战略，而赞助"仁人家园"为其带来的切实好处远远超过成本。这不是如何向仁人家园拨付慈善捐款的问题，因为捐款是施利文公司运营计划中的重要组成部分。同时，这也是一个非营利组织的榜样，该组织几乎没有与商业合作伙伴契合的功能，但它实现了与商业伙伴的契合，而且契合得很好。

参与资金筹集活动

资金筹集活动的一个例子是苏珊科曼乳腺癌基金会（Susan G. Komen for the Cure）采用的行走活动。该基金会是由苏珊·科曼这位因乳腺癌而去世的女性的妹妹于 1984 年创建的。早期发起的是"三天行走"这项步行 60 英里为防治乳腺癌筹款的活动。近期推出的是"不只粉红"（More than Pink）行走活动，为那些想要支持这一事业并关爱受乳腺癌影响的人，提供了一种更为灵活、更易加入的活动。参与其中的人成为 ONE 社区的成员，"ONE"象征着一美元、一个故事、多走一步都会影响到这场战斗。这个社区还扩展到参与者的朋友、家人和支持者。他们都参与其中，参加培训、活动和公益事业。

与社区成员互动

以赛富时的 Trailblazer 社区为例，该社区的愿景是，通过利用赛富时的一系列产品，寻找改变客户体验的新方法，从而成为 Trailblazer、创新者和终身学习者。在更大的 Trailblazer 社区中，存在由产品或应用领域划分的微型社区。其中一些领域包括可持续发展、医疗保健、教育、慈善事业和非营利组织。这些领域的成员组成一个社区，尝试想法、寻求建议、提出议题或问题、得到评论，或者只是从他人（包括一些赛富时专家）的想法中受益。

激发讨论

有几种方法可以创造学习氛围或激发讨论。其一，成为思想引领者，举办会议探讨当前问题和可能找到解决方案的潜在方向。对于一些企业来说，举办一次全球性的解决方案研究专家的会议可能是一个不错的选择。其二，让社区成为一个学习工具，为社区成员提供学习实用工具、了解正在讨论的社会问题或议题的历史和本质的途径。其三，让社区成为一个汇集与社会问题相关的播客、文章、书籍等的图书馆。

承担领导角色的机会

品牌社区的终极参与方式是获得领导地位，即组织事件或活动并鼓励其他人参与。领导者可以宣传社区，担任社区的外部代言人，改善社区运营，并参与战略讨论。例如，如果志愿者成员在创建和组织与社会项目相关的课程时承担领导角色，那么课程的数量和可访问权限就不再受到项目工作人员的限制。

何为真正的品牌社区

你如何确定已经建立了真正的品牌社区呢？虽然没有一套具体的规则，但品牌社区化是有程度之分的，一个判断依据是社区在五个参与维度上的表现。如果社区表现在这五个维度中有两个或两个以上得到高分，那么就可以说明这是一个值得支持和培育的有效社区。

另一个判断依据是心态。如果品牌和支持组织认为它就是一个社区并持续给予支持和宣传，那么社区很可能已经存在或即将出现。同样，如果成员认为五个维度中有一些就是为他们而设的，那么社区很可能就已经存在了。

品牌社区如何帮助标志性社会品牌

品牌社区可以成为标志性社会品牌及其项目的重要资产，品牌社区中有一群忠诚的人，其中许多人积极参与，为品牌带来活力和可见性，并提升品牌的正面形象。最值得注意的是，品牌社区是一种不同于其他资产的资产，因为它与其成员的关系是独特的，最感兴趣的潜在成员已经身在其中，也因为建立一个社区需要大量资金。

忠诚的利益相关者。对于标志性社会品牌及其项目而言，品牌社区最重要的价值在于它汇集了一群忠诚的利益相关者，其中一部分是品牌社区的倡导者或代言人，负责传播关于社区及其运作方式的消息。

品牌亲和力。一个人通常会对与自己有相似兴趣、目标和活动的其他人有特殊的亲和力。如果品牌与这种兴趣相关联，它也会受到高度认可。如果品牌积极参与并为社区做出贡献，这种联系将更加紧密。一个人的兴趣和热情将通过相关社区传递给相关品牌。

为品牌增添活力和可见度。品牌社区能为品牌建设提供关键元素，传统的媒体和方法很难做到这一点。每当有人参与社区时，品牌都会获得一定的活力和可见度。

改进和扩展项目的想法。品牌社区可以提供对标志性社会项目和相关社会挑战的想法和评论，以促进项目的改进或扩展。这为品牌团队提供了及时、有用的信息，也让社区成员感到自己是社区的积极参与者。

用标志性社会项目支持品牌社区

品牌社区很强大，但并不适用于大多数业务部门。在大多数情况下，业务部门的产品无法引起核心客户群体的兴趣。交易手工艺品的网站 Etsy 创建了一个由手工艺品制作者和购买者组成的社区，赛富时的 Trailblazer 社区围绕相关软件而存在。然而，也有例外。大多数品牌不适合成为社区的基础，因为它们及其产品并非人们或企业关注的焦点，人们或企业的重要活动也不围绕着它进行。即使它们的产品与某项活动有关，如网球或徒步旅行，也可能已经存在其他社区，不需要再建一个。

相比之下，标志性社会项目通常能够吸引到那些已经或可能对社会问题、社会议题产生浓厚兴趣的人，这些人也会受益于品牌社区，并对建设品牌社区表示欢迎。最终的结果是，建设品牌社区对许多标志性社会项目来说将是一个可行的选择。

多重社区

一个标志性社会项目可以拥有一系列社区，这些社区可以独立存在，也可以是更大的品牌社区的子集。可以为志愿者、捐赠者及其他资助者、合作伙伴以及参与其中一个标志性社会项目行动的人员建立"微型"社区。他们可以同时属于"宏观"社区，该社区将他们所有人组合成一个更大的群体，拥有更多资源和更大的发言权，成为"微型"社区进行沟通和协调的工具。施利文公司、白驹快递、赛富时的 Trailblazer 社区的故事都说明了这一点。

白驹快递有一个由内部志愿者、外部志愿者和捐赠者组成的微型社区，举办交流论坛和定期会议，分享故事、公告、建议，举办培训。所有人都参与讨论宏观社区的活动和信息。

基于企业的品牌社区可以专注于某一个方面的社会需求。回想一下，赛富时的 Trailblazer 社区是一个为所有使用赛富时产品的人建立的社区。在其中各个主要类别中都有 Trailblazer 子社区。其中一些子社区，如可持续发展、非营利组织、慈善事业和教育，与社会问题和议题相关。它们可以从更大的社区中获得更多的资源和具有相关经验和思想的人员。

志愿者特别有可能从社区中受益，因为他们是组织的外部人员，受到社会利益的驱动。志愿者社区可以为志愿者提供一个结构化的方式，让他们彼此分享问题、快乐或满足感，志愿者还能遇到榜样，榜样可以为他们提供改进的思路。志愿者能够聊天、评论、提出建议，这将增加他们的参与感、增进社会利益并增强志愿者对社会项目的承诺。这些社区甚至可以向其他组织的志愿者开放。关注群体扩大，交流和互动也会增加。这种互动可能会创建合作伙伴关系，或者让社区发出更有影响力的声音。

如何找到品牌社区

如何才能找到合适的品牌社区来支持颠覆性的利基市场呢？以下

三个角度的思考有助于解答这个问题。

- 首先，是否需要品牌社区？建立品牌社区能吸引一个能够让品牌获得足够增值的有价值的群体吗？是否有机会建立新社区，或者是否已经有其他社区占据了主导地位？回想一下巴塔哥尼亚，它利用人们对环保问题的热情，创造出一系列面向活跃的企业或个人的利基市场，其关键在于，找到未得到满足的需求并发挥创造力。
- 其次，企业能否提供内容、创建网站或组织会议来支持社区？能否利用自己的员工或其他资源，成为活跃的合作伙伴？
- 最后，社区能否获得关注并与品牌建立联系？品牌社区项目的提议能否获得足够的可见度、相关性和可信度，从而被目标群体纳入考量？它是否符合品牌形象？

品牌社区经常从标志性故事中找到线索和灵感，这是第 13 章的主题。

THE FUTURE OF PURPOSE-DRIVEN BRANDING

第 13 章

必做之事三
让有趣的故事说话

> 我们最好的学习和转变来自聆听那些触动我们内心的故事。
>
> ——约翰·科特（John Kotter），领导力思想领袖

　　我一直与铂慧有关联，在其早期，我们在节日期间曾在圣安东尼（St. Anthony's）做志愿工作。该机构每天在旧金山市中心提供一顿热餐。第一次去的时候，志愿者接受了为期两小时的项目介绍，其中部分内容描述了该项目并提供了许多统计数据，例如有依赖性或心理健康问题的客户比例、提供的餐食数量等。

　　他们还讲了一位工程师帕洛·阿尔托的故事。这位工程师不得不辞掉工作去照顾患癌症的妻子。在照料妻子的 6 年时间里，他的保险用完了，耗尽储蓄，不得不卖掉房子。当妻子去世时，他作为工程师的才能也已荒废，他一无所有、无家可归，只得光顾圣安东尼。

　　我很快就忘记了那些项目描述和统计数据，但记住了这个故事，并把这个故事在各种论坛上分享过二十多次。它以一种生动的方式传达了这样一个观点：无家可归可能发生在任何人身上，不仅限于瘾君子和精神病患者。尽管这种传达方式是间接的，但描述和统计数据是做不到这一点的。

　　向利益相关者宣传标志性社会品牌及其影响既困难又重要。标志性故事有助于应对这一挑战，部分原因是它们传达了丰富的情感，能引起共鸣。要了解故事的力量，请参考以下案例。

娜塔莉亚的品牌故事

　　娜塔莉亚是莫桑比克一个小村庄的 15 岁女孩儿。她的生活围绕着水展开。每天早上，在照顾完 6 个兄弟姐妹后，她会提着桶走到河床，排队等着从一个用手挖的洞里取脏水，这项任务要花费几个小时。这意味着她每周只能去上两次学。然而，2012 年，在"上善若水"这个为发展中国家的人们提供清洁、安全的饮用水的非营利组织的帮助下，她所在的村庄里新建了一口井，从此村民们可以方便快捷地抽取他们需要的清洁的水。娜塔莉亚现在总算可以按时上学了，再也没出现旷课的情况。

这个村由 5 个人组成的水委员会的任务是，制订和实施一项商业计划，以确保项目的长期可持续性，并对社区展开关于健康、环境卫生和个人卫生的教育。当上善若水组织与水委员会会面时，最后一名成员站起来介绍自己，她双脚分开站着，骄傲地抱着双臂，脸上带着一丝满意的微笑，说道："我叫娜塔莉亚，我是水委员会的主席。"娜塔莉亚是迄今为止这个职位上最年轻的，她之所以被选中，是因为她的自信、坚韧，强大的领导能力，而且她会读会写。她的志向改变了，她现在想当一名教师，然后当上校长。

娜塔莉亚的故事传达了与上善若水组织所做的工作为人们带来的情感慰藉和成就感。在成立后的前 8 年里，该组织完成了近 23 000 个项目，让 700 万人获得了清洁的饮用水。

思科的品牌故事

思科利用博客和网站，通过讲述思科员工的故事或标志性社会项目受益者的故事来宣传其社会项目。这些故事是真实的，都有一定的主题，介绍了当事人的成就。下面简要介绍其中的两个故事。

思科发现，仅仅捐赠设备而不对人员进行培训是行不通的，于是于 1997 年思科创建了教育项目思科网络技术学院（Cisco Networking

Academy），旨在为学生在 IT、安全和网络领域的职业发展赋能。在成立后的 25 年里，超过 2 300 万人接受了该项目的培训。其中有一个名叫欧内斯特·万巴里（Ernest Wambari）的人，2002 年他在肯尼亚内罗毕的一所大学里被一个"招聘天才"的牌子吸引。他讲述了自己是如何通过在思科的几家合作伙伴公司工作并获得思科认证的网络专家文凭来精进自己的技术、扩展自己的人脉圈的。最终，他于 2019 年成功就职于世界粮食计划署。作为一个非洲人，他觉得这个职位就是为他而设的。

思科组建了由大约 300 名员工志愿者组成的思科战术行动（TacOps）团队，他们随时待命，利用卫星天线和专业软件为灾区建设和维护通信网络。马修·阿尔特曼（Matthew Altman）在思科工作了22 年，其中有 16 年是在 TacOps 团队担任工程师。2010 年，一场里氏 7.3 级的大地震摧毁了海地的部分地区，阿尔特曼进入废墟中参与了救援工作，在极端的工作条件下恢复了当地的通信。7 年后，当乌干达北部的难民危机达到临界点时，他与合作伙伴和供应商公司合作，克服了一些至关重要却又困难重重的协调问题。

KIND

KIND 是丹尼尔·卢贝茨基（Daniel Lubetzky）于 2004 年创立的零食品牌，它提供健康、天然、美味的零食，以水果和坚果为主要成分，所使用的原料"看得见、说得出来"。该品牌的名称和宗旨源自三个相互重叠的标志性故事。

卢贝茨基的父亲在纳粹集中营中受苦时，一名狱警冒着很大的个人风险扔给他一个烂土豆。在那段黑暗时期，这个善举对他父亲来说，无论在身体上还是情感上都意义非凡。

卢贝茨基 1993 年从法学院毕业时，受到巴以《奥斯陆协议》的启发，创办了社会组织"和平大业"（Peace Works），旨在促进那些曾经相互对抗的群体之间的经济合作。他信奉的理论是，如果经济利益相互关联，那么美好的感情可能会取代仇恨。该组织开展的一个项目是一家生产日晒番茄酱的公司，由以色列和巴勒斯坦的合作伙伴共同经营。尽管规模不大，但这个项目把敌人变成了合作伙伴和同事。

2003 年，因吃不到健康零食而感到不满的卢贝茨基克服了生产 KIND 系列产品的各种障碍。之所以称其为 KIND，是因为它的产品对健康和口感都很友善（kind），并且企业致力于促进善行。KIND 制作了一种名为"行善者酷"（kindawesomeness）的卡片，赠送给那些为他人做了善事的人。卡片上有一个网址和代码。卡片持有者可以在网站上注册，他们会收到一包 KIND 能量棒礼包和另一张卡片，看到谁正在行善时就转赠出去。创立后 15 年来，记录在案的善行数量已经多达 1 100 万件。记录这些善行，为品牌建立了强大的情感纽带，支持了企业的宗旨："一次善行、一包零食，创造一个更友善、更健康的世界。"

惠普的品牌故事

2019 年，惠普公司与非营利组织"女孩崛起"（Girl Rising）合作推出了"我的故事我来讲挑战赛"（My Story Storytelling Challenge）项目，让全球各地的年轻女性分享激励她们发起本地倡议的个人故事，其中一些故事触及种族不平等、性虐待和童婚等难以解决的问题。在第二年，这项挑战吸引了来自 90 个国家的 1 500 名参与者，她们讲述了真实且引人入胜的故事。项目的影响不仅限于参与者本身，因为这些故事触动了许多人，得到了广泛传播。

这些故事拓展了受众的视野，并给参与者带来了信心。来自阿富汗的 15 岁少女阿里安（Aryan）讲述了她在希腊为难民母亲寻找律师的困难，并发誓要成为一名律师。用她的话说："无家可归不由我们掌控。我们被迫离开家园，开始了前往欧洲的旅程，那里有成千上万的难民在呼唤着自由和人性。"圣地亚哥的 18 岁高中毕业生斯亚娜（Syahna）在脸书上看到了一个呼吁给流浪女性捐赠手包的帖子。在与父亲讨论后，她决定尝试收集手包并在里面装入旅行装的洗漱用品。经过社交媒体的持续宣传，这项社会努力发展成了一个重要的非营利组织，名为"包容天下"（Purses for a Purpose），该组织接收捐赠的各种包，再在其中装满洗漱用品，每月送往救助站。

宣传：故事的作用

成功的标志性社会项目需要向其利益相关者开展有效宣传，以获得他们的支持、参与和承诺。宣传不仅仅要让对方理解项目的价值，还得让项目的愿景、对项目的同理心，以及推动项目的热情都变得清晰可见。宣传既要激活思想，也要触动心弦。

通常同样重要的是，要面向赞助企业的员工及其他利益相关者进行宣传。正如第 8 章所述，对社会项目的投资如果无法提升企业价值，则很可能犯了方向性错误，属于无效投资，并且很难得到企业内部的支持（如果是非营利组织，则得不到赞助企业的持续支持）。标志性社会项目有多大的能力帮助企业，比如增强员工承诺、增加品牌可见度、提升品牌形象和提高品牌忠诚度，取决于在引起利益相关者情感共鸣、向利益相关者宣传项目功能时，所采取的方式有多少创造性和效果。

在面对这种宣传挑战时，人们通常倾向于发布包含引人注目的事实和逻辑的项目描述和项目成就，但这种做法并不奏效。一般来说，人们并不会特别在意，甚至不会注意到项目的宣传。媒体混乱、信息过载，项目相互竞争、相互重叠以及不受控制的受众，这些都是原因。在听到新的项目或服务理念时，大多数人的应对策略是直接忽视。即使注意到了宣传内容，通常最后的态度是怀疑和遗忘，而不是被说服，也不是改变看法和行动。

让故事登场。所谓故事，指的是描绘真实或虚构的事件或经历的叙述。核心问题是，有些人几乎将任何形式的宣传都当作"故事"。这里所指的故事并不是一组要点事实，也不是对项目、组织或服务的描述。这种故事不是一组特征或一张好处清单，故事可能包含一系列描述或事实，但离不开叙事这个大背景。

当事实和描述不能起到宣传作用时，故事便有了用武之地。当听到有人说"我给你讲个故事吧"，人们会变得兴致盎然。光是知道接下来会是一个故事就很有趣。引人入胜的人物、场景，或者是令人费解的开场白，都能吸引人们的注意力。一个真正有趣的故事能把人们的交流变成"下金蛋的鹅"，因为这种故事令人愉快、引人入胜，把有用信息传递给了会因此受益的人。

尽管描述性材料和事实通常被忽略、迅速被遗忘或遭到怀疑，但当这些材料融入故事时，人们就会迅速接受它们，并处理其中包含的信息。来自数百项研究的经验证据表明，与描述性材料和事实相比，故事在引起注意、影响感知、改变态度、鼓舞人心方面更加出色，也更容易被记住，[74]而且不是比其他方式好20%或30%，而是好200%到300%。这些证据令人惊讶但也只是验证了大多数人从个人经验和观察中认识到的事实。故事就是那些被人注意、受人喜爱、让人记住并能改变或确认观点的东西。

标志性故事

并非任何故事都具备这种力量，"标志性故事"才具备这种力量。标志性故事以"从前……"开始叙述，引人入胜，包含吸引人注意力的元素、战略信息，具备真实性。标志性故事可以成为一种战略资产，为标志性社会项目提供可见度和活力，能在较长的时间内说服或激励员工、客户。一般来说，标志性故事具备以下四个特质。

第一，标志性故事具有令人惊叹、引人注目的特质，引发"必须得听（或看、读）这个"的反应。它之所以引人注意，是因为它非常有趣、发人深省、新颖独到、信息丰富、鼓舞人心、感人至深、极具相关性、幽默或令人敬畏。若是不能引起注意，一切就都变得无关紧要了。只是接触到故事是不够的，因为只有很小比例接触到的信息会被注意到，被记住的就更少了。标志性故事应该能够吸引眼球和关注。想一个让你记忆深刻的故事，它几乎肯定具备以上 9 个特点中的一个或多个。

衡量令人惊叹的一个标准是，故事是否能够通过个人/社交媒体的口碑不断传播。一个案例是卫宝推出的 3 个视频，它们都令人惊叹，让人产生"哇！"的反应。另一个标准是，故事是否能够让你铭记在心。本章开头提及的我在旧金山为圣安东尼提供餐食的经历就是一个例子。我记得并经常分享那位工程师的故事，但很快就忘记了自己亲身接触到的事实。

第二，标志性故事是引人入胜的。人们深受故事吸引，当故事的细节让人能够想象或感受到其含义时，尤其如此。人们会与有趣的故事角色产生共鸣，当这些角色得到生动的呈现时，尤其如此。故事情节会成为人们关注的焦点，当故事中包含紧张、温情或幽默的时刻时，尤其如此。

　　故事通常会引起认知、情感、行为上的反应，但并非总是如此。在认知层面，听众会分析故事及其主题，并接受其中包含的主要观点。娜塔莉娅的故事生动地呈现了每天为取水而奔走的社会挑战。在情感层面，一个引人入胜的故事可以引发对角色的共情，以及人们对故事中角色的情感。对慈善组织"上善若水"甚至对纳塔莉娅担任主席职位并为自己设定宏伟目标的能力产生的自豪感，可能是情不自禁的。在行为层面，故事可以激励受众在合适的时机采取行动。他们可能会分享故事，给上善若水捐款，并关注该组织援建水井项目的进展。

　　第三，标志性故事具有真实性。这意味着受众不会认为故事是虚假的、刻意设计的或具有明显的推销性质。真实性可以来自那些具有真实感、易于产生共情的角色。例如，在第 2 章中讨论的乌塔里和"守卫宝宝健康成长到 5 岁"项目中其他母亲的故事，让人了解和钦佩真实环境中的真实人物，获得真实感。当人们觉得叙述者客观、受人尊敬时，也可以增加标志性故事的真实性。

　　真实性需要故事及其战略信息背后的实质性支持，如透明度、政策和计划。它不能涉及一厢情愿的想法或虚假宣传。如果没有能提供支持的实体来确认和巩固战略信息，故事的真实性将受到削弱，品牌最终将受损。纳塔莉娅故事的背后是上善若水，这是一个长期提供水源并以规模化方式实施项目的组织。

　　第四，与受众相关的战略性信息应该在标志性故事中得到体现或支持。与战术性宣传不同，战略性信息将推广标志性社会项目的本质，在内部和外部明确或强调项目宗旨/使命、品牌愿景、品牌定位、渴望的客户关系、组织文化以及当前和未来的业务策略。

　　可以把战略性信息嵌入故事的叙述流程。纳塔莉娅的故事并没有直截了当地讲述水委员会的重要性，而是通过描述水委员会的选举方式及其在村庄里的重要性而呈现的。不过，若是仍有一些无法融入故事的事实需要传达，则可以放在故事之前或之后。

　　将事实放在故事之后以阐述故事。这种方式下，故事能引起受众的注意，引发身临其境之感，将注意力从对抗性辩驳转移走，并让受众有理由在听过故事之后处理事实信息。故事应该做好铺垫，让受众有理由相信那些事实，并明白之所以在故事之后讲述事实，是为了使故事更完整并证明故事并非一个孤立的偶然事件。在上善若水的例子中，故事铺垫了水井数量，以及人们受到何种影响的事实。故事使这些事实更具相关性和趣味性。诀窍在于在故事之后呈现事实，让故事变得更加丰满或完整，而不是把故事变成一次销售体验或吹牛演习，削弱故事的真实性。如果故事引人入胜、讲得精彩，如果事实呈现与故事相关且简洁，这方面的风险就会降低。

　　将事实放在故事之前以激发故事。故事的作用在于以小见大，说明事实背后的东西，比如，通过让受众从故事中了解一个人、一个村庄所受到的影响来阐明上善若水组织新挖了多少口井的事实。故事让事实变得丰富多彩且鲜活生动。在讲故事的过程中，"让我来解释一下我在谈论什么"便是展示事实的时刻。当事实本身引人注目、引人入胜又不拖泥带水的情况下，事实先行的策略是有效的。"菲利克斯·鲍姆加特纳在跳伞前曾升至 24 英里的高空。"听到这个事实后，我想要继续听下去。事实不应该让任何人在听到故事之前就失去兴趣。

　　一句警告：标志性故事在多大程度上符合令人惊叹、引人入胜、具有真实性和包含战略性信息这四个标准，必须由开发和使用故事的人来判断。不过，他们应该抵制住诱惑，避免把在这四个标准中有一项或多项薄弱的故事提升为标志性故事。

标志性故事如何塑造品牌

标志性故事通过传递战略性信息来发挥作用。一个原因就在于，故事能够引起注意，这一点在媒体混乱、信息过载和竞争性信息层出不穷的时代至关重要。根据定义，标志性故事够吸引注意力。它们还通过引人入胜的叙事方式引发共鸣。然而，标志性故事之所以有这般效果，在于标志性故事能够发挥以下 5 个方面的作用。

激发活力。标志性故事及其内容能够为标志性社会项目和赞助企业的商业品牌提供活力，尤其是那些被平淡无奇的环境和没人在意的产品或服务包围的商业品牌。仅仅是标志性故事引发关注这个事实就能提升品牌活力。当然，如果故事非常吸引人，可能会有人将其分享出去。对任何品牌来说，活力都是帮助成长的秘密武器，它让人感觉到品牌活力充盈、追求创新且成功在望。那些停滞不前、不温不火的品牌或项目往往被认为不是最佳选择，与人们的需求不相关。

转移对抗性辩驳。即使面对令人信服的事实，也几乎没人愿意改变自己的观点，对抗性辩驳是主要原因。受众对事实、事实来源、发言人常常持怀疑态度，但是当他们被带入故事中时，怀疑就不重要了——你不需要反驳，因为它只是一个故事。

回想一下第 8 章提及的数字鹰，那是巴克莱银行创建的一个项目，旨在让人们在数字世界中取得成功。围绕这一努力展开的故事能够提高巴克莱银行的信任评分。这一评分因巴克莱银行被认为在 2008 年金融危机中起到负面作用而降低，而且很难通过传统方法来恢复。正是故事转移了注意力，成功传递了品牌信息。

让受众"发现"信息。信息并非通过某种断言呈现，而是嵌入故事中，由受众自行发现，或者由故事激发出来，因此更容易被接受。研究和常识表明，自己发现比被动听取要有效得多。没有人试图说服，只有一个人在讲故事。

赢得喜爱和尊重。对角色、情节或场景的喜爱都可以转移到标志性社会项目及其赞助企业上。心理学家称之为情感转移，大量研究证明了这个过程的存在。展示了项目运营能力或客户影响力的标志性故事可以成为工具，一种为标志性社会项目或其赞助企业品牌提供可见性、赢得尊重和钦佩的工具。

提升品牌忠诚度。标志性故事可以通过加深与忠诚的利益相关者的关系提升品牌忠诚度。想想你任何重要的关系，你几乎都了解对方的背景故事。这些背景故事帮你了解对方的价值观、观点和行为背后的原因，还可能提供情感洞察力，这是亲密关系的基础。基于一系列故事建立起亲密感后，客户与细分市场及典型品牌之间的关联将更加密切，也更为牢固，而不仅仅是一种交易关系。另外，故事的实质内容、故事和人产生的情感联系也会提升品牌忠诚度。

系列故事

仅仅讲述单个的标志性故事往往还不够，它无法完全展示标志性社会项目的覆盖范围和细微差别。此外，即使单一的故事非常震撼人心，也会让人很快失去新奇感，无法激发人们再次讲述的动力。因此，在许多情况下，需要有一系列的标志性故事，为展示标志性社会项目提供更多视角，增加创造新鲜感的机会。卫宝的第二个、第三个视频通过不同的人物、背景和经历呈现了新的故事。

多个故事可以详细阐述并扩展信息范围，使其涵盖不同的视角和背景。在上善若水的众多故事中，每个故事都有不同的视角，娜塔莉娅的故事只是其中之一，还有一个讲述了一个人花费时间修井的故事。KIND 的三个故事为该组织的"善行"价值提供了质感和深度。数字鹰的几个故事是围绕巴克莱银行的社会努力这个主题的更大的故事集合的一部分，史蒂夫·里奇的故事是其中之一。

第 2 章介绍的多芬故事各不相同，但都围绕帮助实施"真美"项目这个主题展开。回想早期广告牌上"肥胖还是漂亮"的问题，使用化妆品和修图来"创造"美丽的故事，以及女性的自我描述远不如旁观者的描述令人满意的故事。另一个故事发现，许多女性在面对并排的两扇门时，会选择进入标有"一般"而非"漂亮"的那扇门。这些故事生动地说明了大约 96% 的女性不会说自己漂亮，这比直接呈现事实的方式更有说服力。这些故事为信息提供了新鲜感、质感和丰富性。

铂慧每月发布一期简讯，其中报道的故事从公司内部为品牌注入活力并提供支持。这份简讯主要包括反映了以下两方面内容的故事：品牌支柱和组织价值如何以员工倡议这种形式得到体现，以及客户在"铂慧影响"系列项目中得到何种体验。这些故事的传播使简讯及其信息具有相关性和启发性，并让员工和团队感到自己既受到重视，又与项目及品牌息息相关。

讲述品牌故事的障碍

故事的力量和故事内容的价值不言而喻，那么，为什么不更广泛地运用故事来传达战略性信息呢？有以下三个突出的原因，它们也是企业需要完成的三项任务。

需要组织对讲故事做出承诺。很多人（尤其是社会项目从业者）认为，清晰有力地传播事实比讲故事更高效，因为后者只能间接传递部分信息。当目标是宣传一系列观点时，目前可能没有故事能传播全部要素。

这种直截了当、事实导向的策略的假设前提是：受众总是理性、积极进取的，而且会基于"信息既有趣又有用"的信念，总能找到客观的信息并进行处理。当然，这个令人舒适的假设几乎站不住脚。当客观信息不足以引发关注，或者先前的信念导致受众过滤或扭曲与其"所知"不一致的信息时，受众的偏见会格外明显。

因此，组织需要承诺，要靠讲故事来创造关注度，避开对抗性辩驳等反应机制，而且要在讲述过程中激发共情、引起共鸣。然而，这还不够，还有以下两个任务需要完成。

寻找出色的标志性故事。那些能够吸引关注、激发兴趣且避开对抗性辩驳的故事并不容易找到。坐等故事浮出水面通常是不够的，还需要有一个寻找的过程。如果安排专人或专门团队去寻找有吸引力的故事的线索，并认真思考如何呈现并加以利用，是可以找到这种故事的。而不去寻找，就不太可能找得到；有一个负责寻找的人或团队，更有可能让有吸引力的故事浮出水面，这是寻找故事的一种途径。

故事可以有不同的来源。标志性社会项目的受益者或客户往往可以提供丰富多彩的故事，因为他们的故事具有情感冲击力，而且他们是受众可以真正了解的实实在在的人。担心他们不愿分享通常是杞人忧天，因为总有办法隐藏分享者的个人身份。另一个来源是涉及标志性社会项目的来龙去脉、发展里程碑这一类的"传承"类故事。还可以选择有关项目运营的故事，包括项目遇到的艰难挑战以及克服挑战的过程。

另一种途径是通过比赛来催生故事，单凭人数众多的参赛者和他们强烈的讲述动机，就会自动产生令人惊叹的故事。本章开头提到，惠普与"女孩崛起"组织合作举办"我的故事我来讲挑战赛"，吸引了全球各地的女性来参赛，参赛者讲述了自己面对的困难和挑战或者应对妙趣横生的情境的故事。其他公司也会让参赛员工讲述自己的志愿者经历。这种途径的核心理念是发掘隐藏的震撼人心的故事。比赛本身通常就是传播公司社会努力的机会，有助于提升其品牌可见度和可信度。

有效呈现故事。最后，找到的故事需要有效呈现给目标受众。出色的呈现不能拯救一个平淡乏味的故事，但糟糕的呈现可能让出色的故事黯然失色。这意味着要制作专业的演示文稿或视频，熟练使用社交媒体，并制定一个经济实惠的媒体宣传策略。由于相关的利益相关者可能是各种类型的，而且不共享媒体渠道，这一过程变得更加复杂。标志性社会项目的资源有限，但有时志愿者团队中可能存在专业人才，因此可以另辟蹊径去实施可负担的媒体宣传策略。

故事可以由积极参与并有动机与标志性社会项目建立联系的赞助企业使用。赞助企业具有足以传播故事的资产、预算和媒体影响力，从而能够让故事发挥作用。

要了解更多，请参阅拙作《品牌标签故事：用故事打造企业竞争力》。[⊖]

下一章将讨论品牌建设的"必做之事四"：寻找并宣传企业的银弹品牌。

⊖　此书中文版已由机械工业出版社出版。——译者注

THE FUTURE OF PURPOSE-DRIVEN BRANDING

第 14 章

必做之事四

寻找并宣传企业的银弹品牌

> 团队的力量来自每个队员,每个队员的力量来自团队。
>
> ——菲尔·杰克逊,11 次执教 NBA 球队夺得总冠军

热情款待

"流动浴室"（Lava Mae）是一家为无家可归者提供流动沐浴间的非营利组织，下一章我们将会对其进行详细的讨论。该组织的一个理念是：客户（主要是无家可归者）应该被视为朋友。因此，流动浴室的工作人员和志愿者从不显得高人一等或居高临下，而是像对待新朋友一样询问客户的背景和兴趣。组织的目标是建立一种超越功能性的关系，这种对待客户的态度和行为让"热情款待"成了一个品牌。

这个品牌改变了一切。"热情款待"在组织内外都成为一个符号，表明在提供或宣传组织的服务时，保持这一理念非常重要。它影响了客户的期望，并且实际上影响了整个体验。当提到这个品牌名称时，流动浴室内部和周围的每个人都清楚地知道其含义。"热情款待"成为内部和外部沟通和理解的持续锚点，也成为品牌愿景中最重要、最具差异化、最容易引发共鸣的支柱，这就是该组织的秘密武器。想想看，一种关系风格被打上了品牌标签。想想它对客户及所有利益相关者都产生了什么影响。这样的品牌被称为银弹品牌。[⊖]银弹品牌是一种"秘密武器"，它可以是一个功能、一项服务、一位创始人、一个故事或一位代

⊖　"银弹"这个隐喻可以追溯到几个世纪以前的一个故事，这个故事讲述了银弹如何击倒貌似无敌的坏角色。孤胆游侠是 20 世纪电影中的一个角色，他戴着面具，在旧西部为正义而战（而且总是取得成功），留下一颗象征着正义可以战胜邪恶的银弹。现在，这个术语可以用来比喻解决复杂问题时的简单的、看起来很神奇的解决方案。

言人，它为标志性社会项目提供活力、差异化或可信度，它可以回答"为什么要实施这个项目"。如果你问人们为什么被你的品牌吸引，而答案不是品牌，那么你可能错过了一个机会。例如，"多芬自尊"项目这个标志性社会品牌通过一系列银弹品牌（如"我本自信""我本独特"和"真我风采"等面向青少年的项目）得到了增强。银弹品牌的地位提高了这些项目在社会项目的品牌愿景和宣传工作中的优先级。

任何社会项目、企业或组织都会组建一支品牌团队，通常会打造很多品牌。挑战在于利用这支团队创造明确而不混乱的品牌形象，并分配角色，使一个品牌能够帮助其他品牌。银弹品牌就是其中一种角色，在整体品牌组合战略中，为理解和宣传标志性社会项目发挥着重要作用。

在本章中，挑战在于确定和优先考虑那些可能在推动标志性社会项目发展的过程中发挥重要作用的银弹品牌。这些品牌可以是标志性社会项目的一部分，也可以是外部品牌。我们的目标是确保它们不会被低估，更不会被视为理所当然或被忽视，而是得到资源支持和积极管理。

品牌差异化、品牌活力、品牌可信度来源

和所有品牌一样，任何标志性社会项目都需要差异化、活力和可信度这三大品牌属性。获得这些属性的一个途径是创建品牌差异化因素、品牌活力激发因素和品牌可信度来源。所有这些都有可能成为银弹品牌。

差异化即创造一种独特的差异点，这非常重要。经验和研究结果都

证实了这一点。例如，已经有数百项研究探讨了是什么导致新产品获得成功。迄今为止，影响产品是否获得成功的最佳预测指标是新产品与旧产品的差异化程度。部分原因在于，新颖、独特的东西能突破混乱和过载的信息，引起人们的兴趣；另一部分原因在于，与众不同可能意味着出现了有价值的东西。以一种新颖、独特的方式展示新产品是如何造福人类的，有助于获得各方的支持和认可；展示真正的差异也可以带来活力和可信度。

例如，对"守卫宝宝健康成长到 5 岁"项目来说，"学校五人行"品牌证实了"守卫宝宝健康成长到 5 岁"品牌已经形成了能让自己与目标受众产生联系的独特风格，从而扮演了银弹角色。它并没有试图将卫生知识和规则灌输给在校儿童。

品牌活力。所有品牌都需要活力，即蓬勃发展的势头和不断进步的感觉。品牌缺乏活力，就会失去发展动力，失去与客户的联系，显得因循守旧、故步自封、脱离时代、沉闷乏味、缺乏创新。它可能让人感觉真诚可靠，对于祖父母辈来说是绝佳选择，但不会成为年轻人的选择。失去活力的品牌会被扔进历史的废纸堆，即使是熟悉该品牌名称的人，也会忘记它的存在。

多芬自尊项目还从若干针对青少年项目的银弹品牌中得到了活力，比如"我本自信""我本独特""真我风采"等。例如，全球倡议"快乐做自己"自信项目成了一个潜在的银弹品牌，通过有趣的互动活动教导孩子和年轻人珍视自己的身体，为项目注入了活力。

可信度。就像任何实现品牌化的产品一样，标志性社会项目也需要可信度。人们需要相信项目组织有资源、知识和能力来真正实施该项目，并有决心在面对阻碍和困难时坚持下去。组织需要以某种有形而实质的方式提供保证，需要提供证据支持。没有可信度，项目很难实现差异化，也很难获得必要的活力。

想象一下，"技术推动社会变革"这个伞型品牌是如何为赛富时将至少1%的产品销售额用于社会公益这一承诺提供可信度的。在这种情况下，伞型品牌也扮演着银弹品牌的角色。

扮演多重角色。银弹品牌通常可以扮演几个角色，有时甚至集三个角色于一身。正如第12章所述，以"拯救我们的地球家园"为使命的服装公司巴塔哥尼亚拥有一个名为"旧衣新穿"的标志性社会项目，允许顾客退回旧服装以便再回收利用。"旧衣新穿"又有一个银弹品牌"旧衣翻新"（Worn Wear Recrafted），利用旧服装的面料制作新服装，这是一项兼具创意和雄心的计划，旨在重复利用一种品牌，同时实现差异化、激发活力和提供可信度。

"真美"伙伴项目为"多芬自尊"项目提供了一个获得活力和可信度的平台。在这种背景下，"多芬自尊"既扮演了银弹品牌的角色，也扮演了标志性社会项目的角色。同样，赛富时的非营利云、教育云和慈善云都是扮演了银弹品牌角色的标志性社会项目，为"技术推动社会变革"这个品牌提供了可信度。

一项银弹研究。一项关于品牌属性的研究表明，品牌差异化、品牌活力或品牌可信度等因素能够显著提升品牌价值。三位著名学者卡彭特（Carpenter）、格莱泽（Glazer）和中本（Nakamoto）发现，在受访者眼中，品牌中包含属性（如羽绒服的"阿尔卑斯级"填充物、意大利面的"正宗米兰人"，以及CD播放器的"工作室设计"）证明了较高的价格是合理的。[75]值得注意的是，即使受访者获得的信息暗示该属性与他们选择的产品无关，这种影响也会发生。有一个实现了品牌化的特色或成分来表明品牌具有特别之处，单单这个事实就足以产生影响。

银弹需要强大且受到积极管理的品牌

银弹品牌需要强大有力且得到积极管理，以发挥其为标志性社会品牌提供差异化、活力和可信度的作用。但是，银弹品牌往往没有实现品牌化，虽然人们对其引以为豪，但却没有品牌帮助宣传其作用。它相当于在众目睽睽之下隐身了；或者，它所拥有的是一个在内部遭到低估、在外部宣传不足的品牌；又或者，潜在的银弹品牌可能是一个众所周知的、被视为理所当然、没有得到充分利用的合作伙伴品牌，它需要提升地位并与标志性品牌建立起更明显的联系。

回想一下品牌的作用。

拥有一个品牌，既能为内部员工，也能给外部利益相关者带来可信度。因此大家能意识到，品牌地位意味着承诺且愿意兑付承诺，这影响着人们的感知和行动。

品牌及其符号使得更容易宣传标志性社会项目的内容，并在内部和外部为项目提供可见度。银弹品牌的名称、标志或标语可以通过视觉来呈现，让人们能够联想到社会项目，是一种提醒人们注意到标志性社会项目特殊之处的方式。

品牌有助于让银弹品牌具备独特性。其他人可能会通过描述自己如何与客户互动来模仿"热情款待"，但由于他们无法使用该品牌，便无法提供"热情款待"服务，甚至不能成为该领域的思想引领者。拥有一个银弹品牌可以更好地定位标志性社会品牌，还将增强利益相关者阐明其宗旨或使命并做出承诺的能力。

标志性社会项目中的银弹品牌

标志性社会项目获得银弹品牌的一个来源是其品牌化的项目或特色。这些项目或特色代表的是承诺背后的实质，因此通常具有为标志性社会项目创造活力、差异化和可信度的潜力。回想一下，巴克莱银行推出的帮助人们在数字世界中取得成功的数字鹰项目使用了两个银弹品牌："品茗与教学"教学活动和"数字翼"在线课程。

银弹品牌可以是一个流程。例如，Shibusa 提供了一种整体建房法，这种方法在建筑经济方面取得了进步，使用了环保材料，采用了环保设计，从而推动了更健康的生活方式，提升了住房的经济适用性。它采用了模块化建筑，即预制型住房，使用了一种品牌化的"银弹"建筑流程，即"精密组件现场装配™"，这种工艺流程具备可信度和独特性。

苏珊科曼乳腺癌基金会是若干赞助商的标志性社会项目，是十多个对社会项目主品牌起到增强作用的姐妹品牌项目的一部分，这些项目包括：

- 筹款品牌，如现在已经成为为期三天的经典活动的"科曼角逐治愈"（Komen Race for the Cure），以及"不止粉红"行走系列家庭友好活动，二者都在可见度、参与度和合作伙伴参与方面大获成功。
- 采用同行评审流程的科曼科学研究基金项目。
- 癌症患者服务项目。苏珊科曼乳腺癌基金会的转移性乳腺癌（MBC）影响系列项目为转移性乳腺癌患者及其亲人提供一个安全的、可以互相帮助的相关信息获取渠道。其"乳腺癌大数据"（BD4BC）项目利用大数据提供指导治疗和护理的见解。"治疗援助"组织帮助患者支付治疗相关费用。"患者导航计划"帮助患者应对复杂的医疗系统和疾病。

- 针对尤其脆弱的黑人女性的项目，例如苏珊科曼乳腺癌基金会的"非裔美国女性健康公平计划"（AAHEI），帮助黑人女性评估自己的患病风险，以及"我自己的声音"（My Own Voice）活动，让患有转移性乳腺癌的黑人女性讲述自己的故事，以帮助和激励他人。

- 公共政策项目，如苏珊科曼公共政策中心和科曼倡议峰会。

挑战在于确定优先事项。在这十几个品牌中，哪些应该提升为银弹品牌？哪些会对科曼品牌产生影响？哪些将增加差异性、活力或可信度？

这显然取决于利益相关者这个受众群体。每一个品牌在与其最相关的特定背景下都可能扮演银弹品牌的角色。对于员工、支持者和受癌症影响的家庭来说，"科曼角逐治愈"活动可以为科曼品牌增加活力和差异性。而科曼乳腺护理热线将为受影响家庭提供可信度。因此，在向潜在的银弹品牌投入资源，以及投入资源建立潜在的银弹品牌与主品牌的联系时，需要对背景进行分析，评估其重要性以及"银弹"角色将会起到多大的作用。挑战在于，避免低估银弹角色在不同背景和受众中对宣传标志性社会项目主品牌的潜在作用。

苏珊科曼乳腺癌基金会品牌的这些姐妹银弹品牌也可以互相发挥银弹角色的作用。在这种情况下，它们将共同展现出承诺的深度、投入大量资源的意愿以及对所涉及的潜在社会项目的范围和复杂性的真正了解。我们需要在这些姐妹品牌之间及其与主品牌之间都建立起联系，管理品牌组合成为一项至关重要且具有挑战性的战略任务。

是否进行品牌化。决定是否要对标志性社会项目的特色进行品牌化，可以思考以下问题：

- 它是否能成为一个品牌差异化因素、活力激发因素或可信度来源，在某些利益相关者群体中产生重要影响？它是品牌支柱，或者品牌支柱的关键点吗？
- 它是否会提升内部和外部宣传工作的清晰度和效率？
- 如果进行品牌化，它在三到五年内会持续存在并发挥作用，还是会逐渐消失？
- 包括金钱成本，以及增加的复杂性带来的成本在内，品牌建设所需的成本是多少？

最重要的是：作为"秘密武器"的银弹品牌是不应该被我们忽视的。

把创始人/CEO、企业背书和合作伙伴用作银弹品牌

银弹品牌的另一个来源是创始人/CEO 品牌、企业背书或外部合作伙伴品牌。

创始人/CEO 品牌

创始人或 CEO 也有自己的个人品牌，有时可以帮助标志性社会项目获得差异性、可信度以及活力。他们可能有一段可以对解释宗旨或使

命发挥重要作用的传承故事。

以赛富时创始人兼 CEO 马克·贝尼奥夫为例，他为赛富时品牌及其社会使命，以及 1-1-1（现在的"承诺 1%"）项目提供了活力、真实性和可信度。他的品牌是由 1-1-1 计划的传承故事、他在应对社会挑战方面卓越的领导力以及他个人的慈善事业建立起来的。例如，他对马克·贝尼奥夫儿童医院的资助就像盖茨基金会的资助提升了微软的形象一样，也间接提升了赛富时的形象。就像保罗·波尔曼为联合利华打造了个人品牌，一百多年前的威廉·H.利弗对卫宝就是如此，该品牌直到今天仍在支持"守卫宝宝健康成长到 5 岁"这个项目。

企业背书

一个独立存在的社会项目通常是不可信的。人们会认为它缺乏成功所需的资源或专业知识。如果得到卫宝或联合利华这种实力雄厚且成功的组织的背书，情况就会改变。这样可以让人们树立信心，相信得到背书的社会项目品牌能够兑现承诺，部分原因是背书企业也在拿自己的声誉冒险。关键是要确保背书企业与标志性社会品牌有关联。

内部背书人。背书可以来自开展标志性社会项目的组织内部。这种组织可以是一个商业品牌。例如，卫宝品牌为"守卫宝宝健康成长到 5 岁"这个标志性社会项目背书。该项目还得到企业品牌联合利华的背书，这将影响一些利益相关者，如员工和供应商。

无论哪种情况，背书都意味着一个有实力的组织冒着声誉风险去支持社会计划，从而为社会项目提供难以获得的可信度。背书意味着社会项目将获得组织的显性资源、专业知识和专业管理技能。

获得强有力的内部背书会让社会项目如虎添翼，项目会被认为大有可能会取得成功。社会项目的招聘和宣传工作将变得更加容易，成功的可能性也会高于没有明显背书的社会项目。想象一下，如果没有得到卫宝的背书及其带来的可信度，"守卫宝宝健康成长到 5 岁"项目能取得多大的成功呢。

外部背书人。一个持续支持社会项目的企业会成为该项目的背书人。例如，福特汽车公司自 1993 年以来一直积极参与抗击乳腺癌的工作，创办了"粉红勇士"（Warriors in Pink）项目，该项目网站为乳腺癌患者和幸存者提供建议、工具和资源。该项目每年还会突出展示 20 位具有鼓舞人心的乳腺癌经历的"勇敢模范"。"粉红勇士"项目的其中一个活动是销售设计独特的服装，所有净收益都捐赠给苏珊科曼乳腺癌基金会或粉红勇士基金会这两大慈善机构，用于满足癌症患者的基本需求。30 年来，这一活动共筹集了超过 1.3 亿美元的资金。

福特公司通过"粉红勇士"项目为苏珊科曼乳腺癌基金会和粉红勇士基金会进行了明显的背书。福特本可以选择支持任意数量的其他非营利组织，但它只选择了这两个。人们会正确地认为福特选择这两个非营利组织之前进行了充分的研究，以评估相关非营利组织的工作。福特愿意将自己的名称和声誉与苏珊科曼乳腺癌基金会和粉红勇士基金会联系在一起，这会让捐助者、志愿者、患者感到安心。

公益营销

公益营销是指企业的一种推广活动，旨在将企业收益用于推动某项社会事业或支持某个非营利组织。一个经典的例子是将部分销售收益或部分利润捐赠给非营利组织。企业和顾客可以资助非营利组织，同时获得自我表达的益处。非营利组织将获得一个公众可见的、能提高其品牌知名度的宣传计划，且无须付出成本就得到一个有价值的资金来源，还能获得一家知名企业的认可。福特公司的"粉红勇士"项目销售一系列设计独特的服装，将销售收益捐赠给两个慈善机构就是一个例子。但其中可能存在哪些问题呢？

事实证明，公益营销存在一定的风险。其一，如果赞助企业与项目的契合度不高，可能会让人认为企业的社会诉求只是刺激销售和赚钱。其二，尽管公益营销蕴含的承诺是进行有意义的捐款，但实际上筹得的款项可能微不足道，甚至根本筹不到钱。2012 年，有多达 50 家企业承诺将部分收益捐赠给它们支持的苏珊科曼乳腺癌基金会。结果发现，其中一家企业的化妆品含有致癌成分，一家快餐品牌的食品会导致肥胖，这也是一种导致癌症的风险因素。苏珊科曼乳腺癌基金会现在会对此类风险进行筛查。

为了避免或减少这些风险，标志性社会项目和企业应确保承诺的真实性和长期性，并且确保有一定金额的资金捐给非营利组织。例如，福特的"粉红勇士"项目是一个长期项目，提供相当于服装总销售额的资助，而且销售的物品与福特汽车无关。

美国银行通过其"粉红丝带银行亲和力"项目支持苏珊科曼乳腺癌基金会。该项目包括"粉红丝带"信用卡和支票账户，每个账户都会为苏珊科曼乳腺癌基金会筹集资金。该项目的三个要素提供了真实性。第一，使用粉红丝带的标志让客户能够表达对苏珊科曼乳腺癌基金会的拥护，并加入社区。第二，该项目是 2009 年启动的一系列项目的一部分，这一系列项目包括美国银行成为"三天行走""科曼角逐治愈""不止粉红"等活动的全美协办赞助商，美国银行员工为苏珊科曼乳腺癌基金会做志愿者。第三，该项目的两个账户保证每年至少向苏珊科曼乳腺癌基金会捐赠 150 万美元。

外部合作伙伴与银弹品牌

外部合作伙伴品牌不仅可以提供可信度，还可以带来差异化和活力。多芬联合世界女童子军协会（WAGGGS）推出的"快乐做自己"自信计划在 5 年内影响了 450 万名女孩。而由卫宝发起的全球洗手日，在世界各地的合作伙伴的参与下，体现了"守卫宝宝健康成长到 5 岁"项目的独特性，以及该项目如何在诸多抗击水传播疾病的活动中脱颖而出。

这些合作伙伴品牌增强了相关的标志性社会项目的影响力。

第一，合作伙伴品牌生动地展示了这些社会项目的规模已经扩大，范围已经不再局限于某个地区。第二，合作伙伴品牌表明这些公司并不在意通过这些项目获取各种荣誉；相反，其目标是影响并联合那些能够推进目标的合作伙伴。第三，合作伙伴品牌与其他备受尊敬的品牌建立了伙伴关系，这是很好的搭档关系。

你的"秘密武器"是什么？你的标志性社会项目有什么特点让它具有可信度、能实现差异化并且还具备应有的活力？它是否需要一个品牌，或者说，它的品牌是否需要更加突出并得到积极管理？项目中是否有任何未得到充分利用，但若是变得更加突出，便能提供差异化、活力或可信度的外部或内部品牌？

接下来讨论最后一个要点：如果标志性社会项目取得成效，那就扩大其规模。

THE FUTURE OF PURPOSE-DRIVEN BRANDING

第 15 章

必做之事五

让企业的标志性社会项目规模化

一支蜡烛可以点燃上千上万支蜡烛，所以蜡烛的一生不会是短暂的。与人分享快乐，那么快乐就永远不会减少。

——《许愿树》，约翰·肖尔斯

　　设想一下，在你所在的当地社区，有一个企业或非营利组织切实有效地开展了一项社会项目的情景。在全球范围内，成百上千家企业和非营利组织推出了具有影响力的使命导向型项目，这些项目正在改变人们的生活，但仅限于特定的地区，或许仅限于当地社区。这些项目的使命、洞见和实施细节对于希望在其他社区或地区解决相同社会问题的人来说始终是不可见的。此外，这些项目作为代表性社会项目的角色仅限于当地赞助商。如果项目的宗旨是影响社会需求，那么扩大其规模，通过在其他地区或环境中加以复制来使其影响范围扩大到更多人，是非常合乎逻辑的。突破地区限制有可能对全国或全球的赞助商更具吸引力，这是很有道理的。然而，无论是非营利组织还是企业内部社会项目的领导者，都有很多工作要做，往往把扩大项目规模放在次要位置，或者根本不予考虑。

　　回想一下赛富时的"承诺1%"项目，它为10 000多家公司提供了一个做出承诺并兑现承诺的平台，从而发动了一项强有力的社会努力。就项目本身而言，它影响了赛富时的社会努力，成为一个明确表明赛富时承诺的品牌支柱。当其他公司接受挑战并做出类似承诺时，该项目就从赛富时的影响者变成全国乃至全球性社会努力的改变者，其影响大了许多。要实现这种转变，就需要对项目进行解释，马克·贝尼奥夫经常在演讲、访谈和项目网站上对当前引人关注的社会挑战做出浅显易懂的解释。这种做法的成本很低，还能让人们关注赛富时的社会努力，带来即时的好处。

　　另一个例子是第12章所讨论的"捐1%给地球"的承诺，巴塔哥尼亚对环保行动的热情和承诺提供了领导力和可信度，吸引了其他企业，这项承诺目前已经吸引了 2 000 多家企业加入。想想看，这个带有明显榜样性质的项目品牌竟然影响了 2 000 家企业。

回顾一下高盛"巾帼圆梦"项目的成功，以及它提供管理培训和职业指导的核心理念如何引领了"万家小企业"项目。这两个项目的势头推动了"百万黑人女性"项目的产生，该项目具备了更广泛的关注点，但也有一个宏伟的、可量化的目标，还包括教育培训和就业指导。倘若高盛公司没有能力去扩展第一个项目的理念和成果，那么后两个计划就不可能出现。

卫宝的"守卫宝宝健康成长到 5 岁"项目在印度大获成功，使得该计划扩展到了 28 个国家。在这一过程中，项目有时会进行创新改进，这些创新成果最终会分享到其他国家，共同增强该项目的影响力。

下面来看一看"流动浴室"这个激励人心的榜样是如何把一个简单的想法规模化的。

"流动浴室"：规模化的故事

2013 年，旧金山的德尼斯·桑多瓦尔听到两个令人心碎的故事：几位年迈的邻居因租金大幅上涨而被赶出出租屋，沦为无家可归者；她遇到的一个无家可归的女性分享了她害怕再也无法保持清洁的恐惧。得知城市里只有 16 个淋浴间供 7 000 名无家可归者使用后，桑多瓦尔决心想办法为无家可归者提供淋浴设施（她通常称他们为"无房者"）。

几个月后，桑多瓦尔提出了改造废弃公交车来为这些无家可归者提供淋浴和卫生间服务的理念。她有公交车，还有改造公交车的技术和员工。因此，他们很快在街头提供淋浴服务，这为无家可归者恢复尊严，帮助他们重新乐观起来。她将她的新组织命名为"流动浴室"（Lava Mae，在西班牙语中意为"清洗自己"）。

上一章介绍过，该组织从一开始就引入了"热情款待"这个关键要素，这是一种品牌化的关系风格，这个概念根植于一个基本原则：如何为人服务与服务本身同样重要。该组织自称："我们从事服务业，为客人提供服务。我们为他们打造美好的东西，我们知道他们的名字，了解他们的故事。我们希望他们离开时比到来时感觉更好。这种不期而遇的关怀恢复了无家可归者的尊严，重新点燃了希望和乐观主义，并创造了对终止无家可归这一恶性循环来说至关重要的机会。"

项目在旧金山湾区和洛杉矶取得了良好开端，每辆公交车每周提供 2 000 次淋浴服务。实践中，项目获得了很多经验和见解。第一个见解是，客人缺乏洗手的机会，而洗手是对抗疾病的重要环节。作为对策，流动浴室引入了洗手站，人们可以在这种移动洗手站正确地洗手。每个站点每天接待 500 次洗手后会重新清理一遍。

另一个见解来自许多关于无家可归者难以获取关键服务的故事。他们跑遍各个服务站点，排起长队，一遍又一遍填写重复的信息。而且，更重要的是，他们缺乏积极的社交体验，享受不到快乐，这是令人崩溃的。

作为对策，该组织在 2016 年创建了"流动关爱村"（Pop-Up Care Villages）。流动关爱村类似提供大约 20 项实时服务的农民市场，除了满足饮食（流动餐车、袋装午餐、小吃、咖啡）、卫生（淋浴、厕所、卫生用品）和衣物（衣物修补、洗涤）的基本需求外，还提供健康服务（健康筛查、疫苗接种、牙科、眼科）、福祉服务（冥想、治疗、按摩）、就业机会、住房、教育机会和法律援助。所有这些都在欢快的氛围中进行，有音乐家参与其中，还有装饰品、游戏和工作坊，为人们带来像派对一样的体验。

从一开始，流动浴室组织就因其正面的媒体报道而获得了可见度。它吸引了活跃的赞助商，其中之一就是联合利华。该组织开始收到许多关于如何在其他社区为无家可归者提供服务的询问。因此，流动浴室推出了一个"如何"指南和咨询服务，使其他人也能够复制其方法。2019年，这一社会努力开始取得进展。

2020 年，流动浴室决定，要将其使命从提供本地服务明确转变为，成为帮助全世界致力于为无家可归者提供服务的组织的加速器和支持网络。在描述这个新使命时，该组织指出："LavaMae^X 是一个非营利组织，教授和资助全球各地的组织，为无家可归者提供移动淋浴和其他增进福祉的服务。"其使命是"改变世界对待和服务那些无家可归的邻居的方式"。[76]

肩负了新使命的 LavaMae^X 提供一对一的项目咨询，开发自助工具包，开展免费和收费的深度培训，创建社区，并持续提供支持，以帮助全世界的个人和组织启动和开展由 LavaMae^X 设计的、带有"热情款待"品牌的项目。

LavaMae^X 战略的核心是，推出一些项目，以支持那些渴望启动或想要改进在街头为无家可归者提供移动淋浴及其他护理服务的人和组织。它还开发了涵盖淋浴、洗手站、流动关爱村和公共关系等主题的工具包。例如，流动关爱工具包展示了如何（与客人咨询委员会合作）了解客人的需求、寻找和招募满足这些需求的合作伙伴、吸引客人兴趣、运送客人、管理志愿者、提供有趣愉快的社交体验、编制活动预算、制定时间表和获取客户反馈。它实际上是一套由 LavaMae^X 的网站协调，能起到"立竿见影"效果的指南和说明。

还有一个重要的补充是创建了 LavaMae^X Connect 这个全球社区，社区覆盖了将移动淋浴及其他护理服务带到街头整个过程的各个阶段。社区成员可以从 LavaMae^X 和其他会员那里获得培训、自助工具包、故障排除等多种支持，还可以参与社区讨论。在这个社区，成员可以分享最佳实践故事、问题、挑战、政府计划信息和意见等。参与者不仅能获得实用的想法，还能获得可见度和社会支持。

LavaMae^X 有一个令人感兴趣的地方：它是如何吸引世界各地的潜在客户的。有些潜在客户已经对 Lava Mae 组织早有耳闻，因为它多年来一直受到媒体的关注。他们认为这些故事一直都很吸引人，于是致电或访问网站就知道了 LavaMae^X；有些人对无家可归者的问题感兴趣，便通过使用"无家可归"或"流动浴室"等关键词搜索到了 LavaMae^X。LavaMae^X 组织并没有主动去四处寻找客户。

在不到两年的时间里，LavaMae^X 指导了近 80 家服务提供商，并在 14 个城市创建了 14 个新项目。此外，工具包的下载量超过 7 500 次，许多项目在工具包的帮助下启动了。与此同时，LavaMae^X 继续在加利福尼亚州提供淋浴、洗手站和流动关爱村的服务，主要作为培训员工、发现并测试创新或改进服务理念的工具。

所有这些成就都源于 8 年前形成的一个简单想法。这个想法承载着给组织插上从本地走向全球的翅膀这一使命。想象一下，如果你的组织中的一个项目能够得到扩展，它可以取得什么成就，能改变多少人的生活。

劳拉·弗鲁特曼特（Laura Fruitmant）当年还是联合利华一个新品牌员工的时候，在纽约与一位无家可归者聊天时得知，没有人愿意和他聊天，弗鲁特曼特深受触动。多年后的 2017 年 9 月，作为联合利华的高级品牌主管，受到德尼斯·桑多瓦尔一次 TED 演讲的启发，她提出了对肥皂和沐浴露系列产品实行品牌化，以彰显淋浴对无家可归者的重要意义，并将该系列利润的 30% 拨付给 Lava Mae，由后者提供淋浴服务。作为 Lava Mae 的合作伙伴，联合利华公司同意了她的提议。

　　创建全新的产品线和品牌涉及大量工作。产品的目标是使用天然成分，即"无有害成分"，同时还能产生丰富的泡沫。产品开发难度很大，需要四种香味，代表品牌想要创造的四种情感。最后的成果是：柑橘/金银花代表喜悦；红姜/黑加仑代表力量；芦荟/湿润苔藓代表希望；木炭/棉花代表尊严。产品的分销从全食超市开始，这符合产品的纯天然特性并反映了品牌使命。产品的价格高于主流产品，符合全食超市等类似商家对特色肥皂的定位。

　　2019 年，全新的肥皂和沐浴露系列以"淋浴权"（Right to Shower）这个品牌名称推出。该名称本身就讲述了产品理念，引起了人们对无家可归者状况的关注。将宗旨当作品牌名称印在包装上，无疑是一种独特而有力的业务推进方式。"淋浴权"业务不仅为 LavaMae^X 提供了资金支持，还放大了 Lava Mae 的使命和故事的声音，产生的效果远远超出了其他方式所产生的效果。这是一个社会项目与合作伙伴公司融合的例子。

食品银行

　　1967 年，凤凰城退休商人约翰·范·亨格尔（John van Hengel）在一家食物救济站当志愿者。他结识了一个有十个孩子的母亲，她用杂货店扔掉的食物来喂养孩子，并表达希望有一个地方可以收集这些人们不需要的食物，分发给饥饿的人。亨格尔核实了垃圾桶里的很多食物是可以食用的，并在一家名为圣玛丽的教堂获得了 3 000 美元的贷款，建立了圣玛丽食品银行。圣玛丽食品银行与凤凰城的杂货店、食品生产商和社会福利组织建立了合作关系，并招募了一批志愿者。这方面的需求很大，圣玛丽食品银行迅速发展，第二年就分发了一百多万磅的食物。

食品银行的成功迅速传开。到 1977 年，全美已经有 18 个城市建立了食品银行。凭借稳固的基础和强劲的势头，亨格尔 1979 年在联邦拨款的帮助下创立了一个国家级食品银行组织，名为"第二次丰收"（Second Harvest）。该组织在 2008 年更名为"美国消灭饥饿组织"（Feeding America），这个名字更形象生动，更有感染力。2020 年，该组织成为美国最大的国内食品救济组织，全美范围内出现了 200 多家食品银行，为可能挨饿的 4 000 万人提供帮助，其中包括 1 200 万名儿童和 700 万名老年人。

"美国消灭饥饿组织"的总部提供多项服务，包括：

- 基于组织对所有人或特定群体（包括儿童、青少年、老年人）的食品援助需求的程度和性质的研究，提高人们对食品短缺问题的严重程度，及其对个人的意义的认识。
- 游说政府，为农业项目、贫困人口等争取更多支持。
- 通过分享创新和最佳实践项目的详细信息，为其他食品银行成员提供支持，开展会议、分享简讯，使所有成员能够学习和互动。
- 为更适合与全国性而非地方性的社会项目合作的公司提供筹款渠道。让承诺最多的公司成为长期合作伙伴。
- 提供独有的赞助机会。例如，沃尔玛基金会资助了"美国消灭饥饿组织"，以帮助低收入个体与提供食品补贴的补充营养援助计划（SNAP）取得联系。

所有这些，都始于一个地方性的小想法受到了关注。

麦当劳叔叔之家

有的社会项目可能看起来太过低调和粗陋而无法扩展。然而，如果潜在需求是可见且真实的，该项目可能会逐渐发展并得到扩展。麦当劳叔叔之家就属于这种情况。1972 年，费城老鹰队足球运动员弗莱德·希尔（Fred Hill）和太太弗兰的三岁女儿金姆在费城的一家儿童医院接受白血病治疗。在三年的治疗期间，弗莱德和弗兰与其他家长一起在椅子和长凳上露宿，从自动贩卖机购买食物，其中一些家长住在离医院有一定距离的地方，因为他们住不起旅店。

小儿肿瘤医院的负责人梦想为受疾病影响的家庭成员建立舒适的住所，并得到了老鹰队的支持。当地麦当劳的区域经理与当地麦当劳广告代理商合作推出了一个圣帕特里克节绿色奶昔（现在被称为四叶草奶昔）促销活动，筹集到了买下医院附近一座旧房子的资金，这成了第一个麦当劳叔叔之家。

1979 年，麦当劳叔叔之家的数量增长到 10 个，1984 年，数量达到 60 个，2020 年，在 65 个国家运营的麦当劳之家的数量接近 400 个。自 1974 年以来，麦当劳叔叔之家已经为超过 1 000 万个家庭提供住所。以下是一些对这一项目的观察结果。

首先，最初的时候，项目影响力不大，几乎没有引起注意。但麦当劳开展的一项支持性的促销活动既提供了资金，又提高了知名度。随后，它触动了人们，迅速发展起来，成为麦当劳的标志性社会项目。

其次，这个项目相当能引起人们的共情。它触及客户群体中的重要部分——孩子和父母，促销活动与他们非常相关，对他们有着重要的意义。

最后，麦当劳叔叔之家这个项目得到扩展，建立了 200 多个家庭休息室，供那些也许不需要离家，但仍需要休息、洗衣，同时又想离孩子近一点的父母使用。此外，截至 2020 年，该项目在 9 个国家建设了 50 多辆麦当劳移动医疗车，为儿童提供免费的社区医疗诊所服务。

扩展项目的经验教训

这三个故事，再加上"承诺 1%""捐 1% 给地球""巾帼圆梦""守卫宝宝健康成长到 5 岁"等项目，绝不是随机的项目样本，而是成功扩展社会努力的代表性例子，这些项目提供了一些值得借鉴的经验。

第一，所有这些项目最初都是由个人或团队在公司内部发起的，他们观察到某个社会需求，他们看到了这个需求可行的解决方案，而在富裕、开明的国家中，这一方案又尚未得到实施。个人或团队具备足够的才能和资源来设计项目、吸引志愿者、得到资金支持、将试验版本推向市场并吸引赞助企业参与其中。

第二，社会项目的影响可以通过增加功能和服务来增强。Lava Mae 增加了洗手站和流动关爱村，这两者都扩大了服务范围，增加了服务人员的数量，扩大了项目的影响。这些创新自然而然地源自与客户的密切接触，以及对"深度倾听"的承诺。

第三，项目从地区走向全美国或全球，扩大项目影响范围，会带来巨大的回报。这样一来，项目的影响力也会增加。

第四，扩展规模的基石是将项目的成功标准化，能够向那些有动力在自己所在的地区启动项目的人宣传项目。可能在以下几个不同的方面提供帮助。

- 理解并解释你的工作内容。成功的基本要素是什么？正确的途径是什么？面临的挑战是什么，该如何应对？
- 建立处理求助请求的流程，回答感兴趣的人的基本问题。创建详细的信息包，概述需要采取的步骤，以及如何确保项目正常运作。
- 培养专门的咨询人员或建立专门的团队。创建远程或录播形式的培训计划。鼓励适应和创新。
- 通过在社交媒体发帖、举办讲座、录制播客、撰写文章、媒体露面、讲述故事等方式分享内容，以激活具有可见度的项目，并尝试互补项目。
- 通过自有网站，创建活跃项目和潜在项目的领导者和参与者社区，社区成员可以在社区分享经验、问题、挑战和资源，他们不再是孤单的。

项目扩展并不一定需要四面出击、花费不菲，也不一定要消耗大量资源。如果有很好的小点子出现，可能只需要通过演讲、访谈或制作播客来进行传播就足够了。即使只是复制或扩展了几次，项目的影响也会成倍增加。不一定需要复制 200 次，且每次都花费大量预算。即使是扩展像 LavaMae^X 这样的重大项目，也不一定需要昂贵的宣传预算或庞大的咨询团队。就像电影《梦幻成真》中关于建造棒球场的情节一样："如果你努力，梦想就会成真。"只要引起了媒体关注并拥有自己的网站，"梦想"就会找上门来。

THE FUTURE OF
PURPOSE-DRIVEN
BRANDING

第 16 章
评估标志性社会项目和品牌

不到最后，不见分晓。

——尤吉·贝拉（Yogi Berra），纽约洋基队名将、哲学家

　　如何衡量标志性社会项目及其品牌的成功呢？这里列出了可用于评估现有或拟议项目并将其与替代方案进行比较的 12 个指标。

　　有社会需求与之共鸣。社会需求是可见的、激励人心的，并且已经引发了关注。人们认为这种需求是有意义的。

　　具有可信度。该项目被认为是行之有效的，得到了备受尊敬的权威人士和主要组织的认可和宣传。项目在理念上合乎逻辑，具有表面效度，并且可以获得运作所需的人才和资源。其运作模式和效果在实践中得到了检验和证明。

　　具有影响力。有令人信服的证据，比如实验或案例研究，表明项目对社会需求产生了影响。

　　具有真实性。项目源于并支持企业的文化和价值观，是企业在这些方面的符号和关键证明点。通过持续宣传、投入资源和做出长期承诺，企业让公众感受到其应对社会需求的真正热情。几乎没有证据表明该项目是假大空的。

　　催生了故事。该项目催生了引人注目且令人难忘的标志性故事，这些故事因其情感内容、幽默、相关性或信息量而备受关注。

　　具有可见度和清晰度。该项目引人入胜，吸引了人们的关注。重要的利益相关者了解该项目的基本情况，并知道使其独特和有效的关键要素。

　　得到认同。相关的利益相关者已经接受甚至认可该项目的价值，且认为它体现了公司的文化和价值观。

　　获得参与。重要的利益相关者中，有很大一部分以自愿服务、捐款、提建议、参与部分项目等方式参与到项目中。他们不仅通过参与项目，还通过成为项目大使的方式来体现自己对项目的承诺。项目拥有一个活跃的品牌社区。

提升企业品牌价值。项目影响到企业品牌的可见度、形象和利益相关者的忠诚度。这种影响对企业的绩效有显著的提升效果。

品牌团队。每个品牌都有明确的角色。对于打造伞型品牌、银弹品牌、组织品牌和子品牌的机会，不会错过，也不会处理不当。

得到商业伙伴的支持。商业伙伴的支持应该是持续的，提供支持的方式可以是公开承诺、捐款、志愿服务或提供相关的有用资源等。

拥有扩展战略。制定将项目扩展到新的地区或细分市场，或者将其规模扩大以提供更多服务的战略。

　　首先要深深感谢所有成功应对社会面临的严峻挑战并产生重大影响的企业和非营利组织。它们的奋斗精神、创新意识、奉献精神和卓越能力给我留下了深刻的印象。我从它们的努力中学到了很多，不仅了解了社会影响是如何产生的，还懂得了它们何以拥有迈向成功的澎湃激情。在这个充满社会挑战和悲观情绪的时代，这真的令人振奋不已。

　　非常高兴，我有机会能与康特拉科斯塔食品银行的拉里·斯莱（Larry Sly）、蒙纳门特危机中心的桑德拉·谢勒（Sandra Scherer）、白驹快递的伊夫·伯吉（Eve Birge）、LavaMae^x的德尼斯·桑多瓦尔（Doniece Sandoval）、卫宝的萨米尔·辛格（Samir Singh）、上善若水的安迪·阿姆斯图兹（Andy Amstutz）和唐·詹金斯（Don Jenkins），以及伯克利哈斯商学院的理查德·里昂斯（Richard Lyons）一起合作与交流。还有一些人，如赛富时的马克·贝尼奥夫（Marc Benioff）、联合利华的保罗·波尔曼（Paul Polman）和巴塔哥尼亚的伊冯·舒纳（Yvon Chouinard），他们为许多人树立了榜样，他们的故事在本书中有所记述。我赞扬并感谢他们的领导力。

　　几十年来，众多作者不断丰富我们应对社会挑战的知识和实践，我也要对他们表示衷心的感谢。本书是站在许多人的肩膀上完成的，本书的感谢名单很长。

　　感谢品牌和转型咨询公司铂慧的同事们。和这样一群才华横溢、友善合作、乐于应对社会问题和挑战的团队共事是一种享受。我特别感谢斯科特·戴维斯（Scott Davis）的支持，他的直觉帮我找到更好的方向。还有许多其他人及时给予我帮助，比如约翰·埃利特（John Ellet）、彼得·狄克逊（Peter Dixon）、杰伊·米利肯（Jay Millikan）、玛丽萨·马尔维希尔（Marisa Mulvihill）、特德·莫泽（Ted Moser）等。曼迪·斯泰豪沃（Mandy Stehouwer）和拉扎鲁斯·丘利扎（Lazzarus Ciurliza）让图表变得清晰、有趣。优秀的设计师和耐心的合作者斯特伦·皮普金（Stren Pipkin）、丹妮·金（Dani Kim）创作了充满张力、内容丰富且引人入胜的封面。市场团队的米歇尔·加利亚尼（Michelle Galliani）、克里斯滕·穆尔（Kristen Moore）和阿曼达·尼泽尔（Amanda Nizzere）用专业技能改善了我的嗓音。所有这一切都是由我的朋友、卓越非凡的 CEO 迈克尔·邓恩（Michael Dunn）推动的，他怀有无比的热情，致力于解决社会问题。每当紧急情况出现时，迈克尔总是在场。

还有包括朋友在内的其他人也给予了我莫大的支持，比如总是为我提供建议或安慰的安迪·史密斯（Andy Smith）、我长期的品牌伙伴马蒂·布兰特（Marty Brant）、总是用深思熟虑且鼓舞人心的话语为几乎所有拙作背书的乔·特里波迪（Joe Tripodi），还有我的榜样菲利普·科特勒（Philip Kotler）。

目前我正与摩根-詹姆斯出版公司（Morgan James Publishing）的合作伙伴们合作出版第四本书，他们的自信、创造力和兴致消解了这个过程中的压力。该出版公司的创始人兼 CEO 大卫·汉考克（David Hancock）知识渊博、富有洞察力，且给予我正面的支持，与他合作非常愉快。出版商吉姆·霍华德（Jim Howard）在关键时刻提出了有益的建议。我的文字编辑林西·佩顿（Lynsey Peyton）非常优秀，她无疑提高了本书的质量，而埃米莉·麦迪逊（Emily Madison）则指导了本书的制作，这绝非易事。

最后，我要感谢我的家人：我的妻子凯和我们的女儿詹妮弗、简和乔琳，她们一直支持和激励着我。她们以各种方式丰富了我的生活。特别要感谢詹妮弗，她努力让我保持严谨、保持品牌形象，并在我的所有工作中做出了实质性的贡献。

[1]   The Economist, August 9, 2018, pp. 55-56.

[2]   Unilever Annual Report 2020, p. 11.

[3]   Unilever Annual Report 2011; Globescan.com, 2011 Sustainability Leadership Report.

[4]   Unilever's CEO Has a Green Thumb, Fortune June 10, 2013 pp. 124-128.

[5]   来源同上。

[6]   Unilever Annual Report, 2011.

[7]   Globescan.com/unilever-patagonia-idea-sustainability-leadership-2019.

[8]   Unilever Annual Report 2020.

[9]   Alan Jope, CEO letter in the 2020 Unilever Annual Report.

[10] 来源同上。

[11] 来源同上。

[12] Olivia Zed, "How Dove Real Beauty Campaign Won and Almost Lost Its Audience," RRweek, April 16, 2019.

[13] Mark Kramer, Myriam Sidibe, and Gunjan Veda, "Dove and Real Beauty: Building a Brand with Purpose," Case 9-720-361, Harvard Business School, June 14, 2021. p. 12.

[14] Myriam Sidibe, Brand on a Mission, New York, NY Routledge, 2020, Chapter 2, p. 36.

[15] Nicola Kemp,"Case Study: How AXE Redefined Masculinity," Campaingnlive.co.uk, April 10, 2017.

[16] 有关卫宝的"守卫宝宝健康成长到 5 岁"项目的叙述，部分参考了联合利华官方网站 2019 年 7 月发布的 "Lifebuoy Way of Life Special Mission Report 2019" 内容。

[17] Myriam Sidibe, Brands on a Mission, NYC, Routlege, 2020, p. 7.

[18] Myriam Sidibe, Marketing Meets Mission, Harvard Business Review, May-June 2020.

[19] Kanter Brand Footprint Report—2020, Kantar.com, July 2020.

[20] Liky Kunda, "Ben & Jerry's, Black Lives Matter, and the Politics of Public Statement".

[21] Unilever Sustainable Living Plan, 2010 to 2020, March 2021, Assets. Unilever.com.

[22] Salesforce 故事的素材部分取自创始人马克·贝尼奥夫的著作《在云端》，由旧金山乔西-巴斯出版社（Jossey Bass）于 2009 年出版，以及 Salesforce.org 网站（2020 年 12 月）。素材还来源于 Salesforce.org 登载的 "2019 年度社会影响报告" 和 "2022 财年利益相关者报告"。

[23] Dan Pontefract, "Salesforce CEO Marc Benioff Says The Business of Business Is Improving the State of the World," Forbes.com, Jan 7, 2017.

[24] Jessica Raymond, "Five Life Lessons from Marc Benioff," news.USC.edu, Autumn, 2014.

[25] Salesforce.org, Social Impact Report, 2019, pp. 1-2.

[26] Salesforce Stakeholder Impact Report, 2020, p. 35.

[27] Isabel Kelly, Foundation trip to St. Marints school, Kenya, Salesforce.org, May 4 2011.

[28] Salesforce Stakeholder Impact Report, 2020.

[29] Peter Drucker, The Practice of Management, Harper Perennial Publications, New York, 1954.

[30] "90% of S & P 500 Index Companies Publish Sustainability Reports in 2019, G & A Announces in its Latest Annual 2020 Flash Report." Globalnewswire.com, August 2021.

[31] "The KPMG Survey of Sustainability Reporting 2020," home.kpmg.com, August 2021.

[32] "A Leader's Guide: Finding and Keeping Your Next Chief Diversity Officer," RussellRenolds.com.

[33] Michael Jensen, & William Meckling, "Theory of the Firm: Managerial Behavior, Agency Costs and Ownership Structure." *Journal of Financial Economics*, 3, 1976, pp. 305-360.

[34] David Gelles, "The Man Who Broke Capitalism," New York: Simon & Shuster, 2022.

[35] IRS data.

[36] Gelles, op. cit. p. 11.

[37] Gelles, op. cit. Chapter 4.

[38] "Business Roundtable Redefines the Purpose of a Corporation to Promote 'An Economy That Serves All Americans'" Business Round Table.org, August 19, 2019.

[39] Alan Murray, "America's CEOs seek a New Purpose for the Corporation," Fortune, August 10, 2019.

[40] "Winning the Race to Net Zero: The CEO Guide to Climate Advantage," BCG & the World Economic Forum, January 2021.

[41] Jenny Gross, The Business School E.S.G. Boom, The New York Times, nytimes.com, November 13, 2021.

[42] Robert G. Eccles and Svetlana Klimenko, The Investor Revolution, Harvard Business Review, May-June 2019, pp. 106-116.

[43] Porter Novelli, Purpose Message Develops Greater Attention, Arousal, and Emotion, Conecomm.com, 2021 Results summarized in Deloitte's 2020 Global Marketing Trends, deloitte.com, November 2021.

[44] "Winning the Race to Net Zero: The CEO Guide to Climate Advantage," BCG & the World Economic Forum, January 2021.

[45] 2016-millennial-employee-engagement-study, conecomm.com, November 2021.

[46] Porter Novelli, Purpose Message Develops Greater Attention, Arousal, and Emotion, Conecomm.com, 2021.

[47] 2020 Edelman Trust Barometer, Edelman.com, November 2021.

[48] "Environmental concerns and global citizenship: 2 worldviews shaping the way consumers shop," Advertising.Amazon.com, 2021.

[49] un.org/en/climatechange/reports.

[50] Thegiin.org.

[51] GIIN's 2020 Annual Impact Investor, Thegiin.org.

[52] Rachel Carson, "Silent Spring," New York: Houghton-Mifflen, 1962; Ralph Nader, Unsafe at Any Speed," Richard Grossman, New York, 1965; Betty Friedan, "The Feminine Mystic," W.W. Norton, New York, 1963.

[53] "The Marketeer's ToolBox—Global Treads," WARC, Warc.com, January 2022.

[54] Bill Gates, Annual Letter 2020, "Why We Swing For the Fences," Bill and Melinda Gates Foundation, GatesNotes.com.

[55] Edward O'Donnell, America in the Gilded Age and Progressive Era, Great Courses, 2015.

[56] "Unilever's purpose-led brands outperform," October 6, 2019 in Unilever.com, 2022.

[57] Boris Groysberg, Jeremiah Lee, Jesse Price, and J. Yo-Jud Cheng, "The Leaders's Guide to Corporate Culture," Harvard Business Review, January-February 2018. A few of the labels have been changed to make them more descriptive.

[58] Andrew S. Ross, "Green Project Making It Harder to Hate Walmart," *San Francisco Chronicle*, February 28, 2010.

[59] EBD Staff, "100 Best ESG Companies: Top Stocks For Environmental, Social And Governance Values", Investors.com/news, January 2022.

[60] Myriam Sidibe, Brand On a Mission, New York: Routledge, 2020, pp. 13-16.

[61] Sidibe, op. cit. p. 130.

[62] 百事公司的这个故事记录在《2020 年度百事可持续发展报告》(*PepsiCo Sustainability Report 2020*) 中。

[63] Tom Roach, "Barclays: Purpose Pays," WARC, 2016.

[64] Roach, op.cit.

[65] John Elkington, "Towards the Sustainable Corporation: Win-Win-Win Business Strategies for Sustainable Development," California Management Review, January, 1994, pp. 90-100.

[66] 2021 Edelman Trust Barometer, Edelman.com, November 2021.

[67] David Aaker & Robert Jacobson, "The financial Information Content of Perceived Quality," Journal of Marketing Research, May 1994, 191-201; David Aaker & Robert Jacobson, "The Value Relevance of Brand Attitude in High-Technology Markets," Journal of Marketing Research, November 2001, 485-293.

[68] Claes Fornell, Sunil Mithas, Forrest V. Morgeson III, & M.S. Krishnan, "Customer Satisfaction and Stock Prices: High Returns, Low Risk," Journal of Marketing, Jan 2006, pp. 1-14.

[69] Interbrand Best Global Brands—2020 Learn.Interbrand.com, February 2021.

[70] Alex Edmans, Grow the Pie, Cambridge, UK, Cambridge University Press,

2020 pp. 78-85.

[71] Edmans, op cit p. 95.

[72] David Aaker, Spanning Silos, Cambridge, Mass: Harvard Business Press, 2008.

[73] Teachforamerica.org, 2022.

[74] David Aaker, Creating Signature Stories, New York: MorganJames, 2018. Chapter 4.

[75] Gregory Carpenter, Rashi Glazer, and Kent Nakamoto, "Meaningful brand Form Meaningless Differentiation: The Dependence on Irrelevant Attributes,"*Journal of Marketing Research*, August 1994, pp. 339-350.

[76] LavaMae[X] Annual Report, Fiscal Year 2021.